Henrik Müller

NATIONALTHEATER

Wie falsche Patrioten unseren
Wohlstand bedrohen

Campus Verlag
Frankfurt/New York

ISBN 978-3-593-50673-9 Print
ISBN 978-3-593-43579-4 E-Book (PDF)
ISBN 978-3-593-43599-2 E-Book (EPUB)

Copyright © 2017 Campus Verlag GmbH, Frankfurt am Main
Umschlaggestaltung: Guido Klütsch, Köln
Satz: Oliver Schmitt, Mainz
Gesetzt aus: Scala und Helvetica Neue
Druck und Bindung: Beltz Bad Langensalza
Printed in Germany

www.campus.de

Inhalt

EINLEITUNG: DER ANGRIFF

Wie die offene Welt unter die Räder kommt

Rund um den Globus läuft derzeit ein Großangriff auf unseren Wohlstand. Populisten gewinnen Wahlen. Die Rhetorik wird schriller. Grenzen schließen sich, selbst in Europa. Die internationale Verflechtung der Wirtschaft wird nach und nach zurückgenommen. Wir stehen am Beginn einer De-Globalisierung, einer Entwicklung, die insbesondere für die offene deutsche Wirtschaft hochproblematisch ist, weil sie das bundesrepublikanische Geschäftsmodell infragestellt. Es ist ungewiss, ob die exportorientierte Industrie, auf die sich dieses Land lange stützen konnte, auch künftig noch die tragende Säule des Wohlstands sein kann.

Einstweilen verkommt Politik zum Nationaltheater, und dieses entspinnt sich als Tragödie. Populistische Patrioten und despotische starke Männer versprechen Schutz – vor Zuwanderern, vor ausländischer Konkurrenz, vor Terror und Unsicherheit. Doch sie werden das genaue Gegenteil erreichen: weniger Wohlstand, weniger Jobs, weniger Sicherheit. Auf nationaler Ebene lassen sich die Probleme, mit denen wir es aktuell und in Zukunft zu tun haben, nicht lösen. Heute leben sechsmal so viele Menschen auf der Erde wie um 1900. Der Planet wird so intensiv genutzt wie nie zuvor. Wir beeinflussen einander, egal ob wir es akzeptieren wollen oder nicht. Ressourcen werden knapp: Wasser, Luft, fruchtbares Land. Zäune und Mauern bauen, nationale Märkte schützen, ausländische Investoren draußen halten – das sind keine vernünftigen Optionen, weil sie die Bevölkerungen ärmer machen und ihr Leben instabiler.

Die Menschheit ist zur Zusammenarbeit verdammt, mehr noch: zu Formen internationaler Regierungsführung, zu echter gemeinsamer *governance*. Aber diese Erkenntnis ist derzeit so unpopulär, dass sie in den Debatten kaum noch eine Rolle spielt. Die etablierten Eliten in Politik und Wirtschaft sind ängstlich, müde und kleinmütig geworden. Sie igeln sich ein, ziehen sich aus den Debatten zurück und überlassen den Populisten das Feld. Wie gesagt: eine Tragödie.

Viel steht auf dem Spiel. Was wird aus unserem Wohlstand, unserer Sicherheit, unserer Umwelt, unserem Frieden?

Von überall erreichen uns besorgniserregende Signale.

In den USA hat Donald Trumps dumpf dröhnende Kampagne die Politik verändert. Sein Wahlsieg im November 2016 hat offenbart, dass sich mit protektionistischen und chauvinistischen Sprüchen punkten lässt. Auf Fakten kommt es dabei nicht an. Im Herzen der westlichen Weltmacht vollzieht sich eine allmähliche Abkehr von der Welt. Als Präsident des immer noch größten und mächtigsten Landes ist Trumps Triumph eine historische Zäsur mit globalen Auswirkungen. Der Westen in seiner bisherigen Form hört auf zu existieren. Ob und inwieweit die USA künftig noch ihre Rolle als militärische Schutzmacht Europas und Teilen Asiens ausüben werden, ist völlig offen. Ökonomisch schickt sich Trump an, ein Vabanquespiel zu wagen. Wenn sich der größte Binnenmarkt der Weltwirtschaft auf einen protektionistischen Kurs begibt, werden die Schockwellen gerade seine größten Handelspartner treffen, ganz besonders Deutschland. Die angekündigten Ausgabenprogramme in Verbindung mit Steuersenkungen werden einen massiven Anstieg der Staatsverschuldung zur Folge haben. Entsprechend heftig waren bereits vor seinem Amtsantritt die Reaktionen der Finanzmärkte: steigende Zinsen, höhere Inflationserwartungen, Wechselkursschwankungen. Eine Zeit der Unruhe und der Unsicherheit beginnt.

Eigentlich wäre mehr Europa die adäquate Antwort auf die neuen Herausforderungen. Doch die Europäische Union (EU) ist nach Jahren der schwelenden Krise von akuten Zerfallsprozessen bedroht. Nach dem Brexit-Referendum vom Sommer 2016 ist

Großbritannien dabei, aus der EU auszusteigen. Eine Kettenreaktion hat eingesetzt: Auch andere Mitgliedstaaten spielen mit der Exit-Option. Europa, in den Nachkriegsjahrzehnten eine Säule der Stabilität, scheint in Auflösung begriffen.

In Frankreich verschiebt das Auftrumpfen des Front National (FN) das politische Spektrum nach rechts. Wahlsiege des FN und seiner Parteichefin Marine Le Pen würden die – nach ihrem Selbstbild – Nicht-mehr-ganz-so-große-Nation aus der Währungsunion und der EU herauskatapultieren. Die europäische Integration in ihrer bisherigen Form wäre dann endgültig am Ende.

In Polen führt die katholisch-nationalkonservative Kaczyński-Partei Recht und Gerechtigkeit (PiS) das einstige mittelosteuropäische Vorzeigeland fort von europäischer Integration und westlichem Laisser-faire. In Ungarn verfolgt Viktor Orbán einen spezifisch magyarischen Mix aus Nationalstolz, ethnischer Abgrenzung und Willkommenskultur für internationale Investoren. In den Niederlanden gelang es im Frühjahr 2016 per Referendum, die EU-Außenpolitik auszuhebeln und das Assoziierungsabkommen mit der Ukraine zu stoppen – es war keine Sachentscheidung, sondern ein Aufbegehren gegen die EU.

Auch die Bundesrepublik mit ihrer postnationalen Nachkriegsgeschichte ist nicht mehr immun gegen nationale Versuchungen. Die Alternative für Deutschland (AfD) hat sich binnen weniger Jahre etabliert. Parallel dazu redet Linken-Frontfrau Sahra Wagenknecht einer Stärkung »kleinteiliger Strukturen« das Wort, die Schluss machen soll mit einem globalkapitalistischen »Wirtschaftsfeudalismus«.[1] Von Links wie Rechts nimmt der Druck auf die offene Wirtschaftsordnung zu. Dass Deutschland über stabile Regierungen verfügt, die als Orientierungsanker im In- und Ausland dienen, ist inzwischen keine Selbstverständlichkeit mehr: Im Zweifel verfügen auch große Koalitionen aus Christ- und Sozialdemokraten nicht mehr über jene satten Regierungsmehrheiten, die bislang als selbstverständlich galten. Der Bundesrepublik, in den vergangenen Jahren Europas informelle Führungsmacht, droht, was viele Nachbarländer längst plagt: ein zersplittertes, zerstrittenes und deshalb kaum noch bewegungsfähiges politisches System. Die Folgen werden weit über Deutschlands Grenzen hinaus spürbar sein.

Auch in wichtigen Schwellenländern entfaltet sich ein trübes Panorama. Staatschefs, die einst als moderate Landesväter gestartet waren – wie Recep Tayyip Erdoğan in der Türkei und Wladimir Putin in Russland –, setzen längst auf Repression im Innern und schroffe Abgrenzung nach außen, auf heimatländisch tönende Propaganda und territoriale Ausdehnung. Vor dem Einsatz von Waffengewalt für die nationale Sache schrecken sie nicht zurück.

In Japan steuert Premier Shinzo Abe sein Land mit schrillen Obertönen. Die expansive Wirtschaftspolitik (»Abenomics«) ist eingebettet in eine Erzählung nationaler Selbstbehauptung, militärische Aufrüstung inbegriffen.

Währenddessen ist Präsident Xi Jinping auf dem chinesischen Festland dabei, mit harter Hand die Macht im Staate zu rezentralisieren. Nach langem Boom ist die Wirtschaft erlahmt. Umso mehr erhöht er den Konformitätsdruck im Innern. Und weil die kommunistische Doktrin in einem faktisch erzkapitalistischen Land ideologisch nicht mehr recht greift, setzt er harte patriotische Akzente: Er beschwört einen »chinesischen Traum«, um die »chinesische Identität« zu stärken und eine »korrekte Einstellung zu Geschichte, Nation, Staat und Kultur« zu stärken.[2] Nebenbei positioniert er sein Land nach außen als regionale Vormacht mit Expansionsdrang.

Es ist deprimierend: Überall auf der Welt sind nationale Reflexe zurück. Parolen dominieren die Politik. Das Fiktive triumphiert über das Faktische. Breitbeinige Posen ersetzen komplexe Problemlösungen.

STEUERUNGSLOS DURCH EINE TURBULENTE WELT

Nicht nur Populisten und Autokraten nähren die Illusion, sie wären Herren der Lage. Auch echte Demokraten im Westen tun gern so, als hätten sie alles im Griff. Doch davon kann längst keine Rede mehr sein. Manchmal erreichen sie sogar das Gegenteil dessen, was sie eigentlich wollten – weil eine dicht verwobene Weltwirtschaft, Weltgesellschaft, Weltbiosphäre nationale Grenzen schlicht ignoriert.

Ein paar Beispiele – die Aufzählung ließe sich verlängern: Die europäischen Regierungen pochen gern auf ihre nationale Souveränität, weshalb es weder eine europäische Bundespolizei noch eine gemeinsame Armee gibt. Die Folgen: Terroristen können sich nach wie vor weitgehend ungehindert durch den Schengen-Raum bewegen. Der Zuzug von Kriegsflüchtlingen konnte nur notdürftig gebremst werden, indem man die Türkei für Hilfe bezahlt. Und ohne die USA, die ihre Militärpräsenz in Osteuropa unter Barack Obama verstärkt haben, die unter Trump aber ihre sicherheitspolitischen Koordinaten komplett verändern dürften, hat Europa gegenüber Russland keine Chance.

Der Klimagipfel von Paris Ende 2015 hat beschlossen, die Nutzung von fossilen Brennstoffen langfristig zu beenden, um einen ökologischen Zusammenbruch des Planeten zu verhindern. Wie dieses große Ziel in den kommenden Jahren und Jahrzehnten erreicht werden soll, ist völlig unklar. Nationale Regierungen und Parlamente sind hoffnungslos überfordert, wenn sie sich um globale Emissionsziele kümmern sollen.

Nicht nur dem Klima, auch der weltweiten Finanzstabilität würde es helfen, wenn die Achterbahnfahrt des Ölpreises gebremst würde. Doch die Förderländer sind nicht in der Lage, sich auf ein effektives Management des Ölangebots zu einigen.

Staaten, Unternehmen und Bürger in aller Welt werden von hohen Schulden förmlich erdrückt. Die Folgen sind Finanzlabilität, zumal in den Schwellenländern, sowie schwaches Wachstum und hohe Arbeitslosigkeit, zumal in Europa. Eigentlich bräuchte es einen Plan zum weltweiten Schuldenabbau. Daran ist aber nicht zu denken, nicht einmal innerhalb der Eurozone.

Überall in den reichen Ländern ist die Erosion der Steuerbasis durch Offshore-Firmen ein Problem, seit langem schon. Die Enthüllungen der Panama-Papers-Affäre im Frühjahr 2016 haben das Thema einmal mehr ins Scheinwerferlicht gerückt. Aber nationale Finanzbehörden stehen auf offenen Kapitalmärkten allzu oft auf verlorenem Posten.

Immer drängender stellt sich die Frage: Wer regiert die Welt?

Eigentlich wäre auf vielen Feldern ein überstaatliches Vorgehen nötig: mehr Koordination, teils sogar die abgestufte Abgabe nationaler Souveränität an überstaatliche Institutionen – von der Eurozone und der Europäischen Union bis hin zum gemeinsamen Management von globalen Systemen wie den Finanzmärkten, dem Klima oder den Ozeanen.

Doch die politische Realität sieht anders aus: Statt gezielt die überstaatliche Zusammenarbeit zu verbessern, ist eine Internationale der Nationalpopulisten auf dem Vormarsch. Einzelstaatliche Souveränität wird wieder zum Fetisch. Die Behauptung politischer Handlungsfähigkeit ersetzt politisches Handeln.

Das Resultat ist dramatisch: der Verlust von Steuerungsfähigkeit.

Hochgradig mobile Akteure (Konzerne, Nichtregierungsorganisationen, aber auch gut informierte Migranten) überwinden Grenzen mühelos. Nationale Hoheitsansprüche werden durch grenzüberschreitende Effekte teils eingeschränkt, teils ad absurdum geführt. In einer hochgradig interdependenten Welt können einzelne Staaten nicht mehr viel ausrichten.

Zugegeben, das Problem ist nicht neu. Schon im 19. Jahrhundert beschäftigten sich westliche Denker mit der Frage, wie sich eine Welt aus Nationalstaaten befrieden lasse. Der Historiker Mark

Mazower hat es in seinem hochinteressanten Buch *Governing the World* dargelegt.³ Damals bestand die Hoffnung, die Machtbalance zwischen den Großmächten könnte, ergänzt um ein dichtes Netz von technokratischen Verträgen, für dauerhafte Stabilität sorgen. Im 20. Jahrhundert brach dieses Gleichgewicht zusammen, die beiden Weltkriege waren der sichtbare Ausdruck.

In den Nachkriegsjahrzehnten war es dann mit der nationalen Souveränität nicht mehr weit her: Hegemoniale Blöcke, zusammengehalten von den Weltmächten USA und der Sowjetunion, schränkten die Handlungsoptionen der übrigen Staaten erheblich ein. Westeuropa versuchte es mit dem Aufbau eigener Institutionen, was letztlich zu EU und Euro führte.

Der Fall der Mauer und die folgende Globalisierung schließlich beendeten die Doppelhegemonie der Nachkriegszeit. In den neunziger Jahren herrschte zunächst der Glaube, der Vormarsch der westlichen Demokratie und die inhärente Stabilität der Weltmärkte würden quasi automatisch für einen fairen Ausgleich in der Welt sorgen. Frieden und Prosperität würden sich ausbreiten, staatliche Eingriffe, egal ob auf nationaler oder auf internationaler Ebene, seien kaum noch nötig.

Inzwischen ist es offensichtlich, dass die Dinge so nicht laufen: Schwach regulierte Finanzmärkte sind alles andere als stabil. Internationale Konzerne – von Google bis Volkswagen – sind inzwischen bedeutende globale Machtfaktoren. Autoritäre Regierungen – von China bis Russland – zeigen expansive Gelüste. Informationen sind in Echtzeit rund um den Globus verfügbar. Terroristen bedrohen die innere Sicherheit. Bilder aus weit entfernten Weltgegenden sorgen für Gefühlsstürme und beeinflussen die Öffentlichkeit. Zig Millionen Flüchtlinge machen sich auf den Weg zu einem besseren, sichereren Leben.

7,4 Milliarden Menschen bevölkern inzwischen den Planeten. Es wird eng auf der Erde. Entsprechend konfliktreich werden die Zeiten. Nationalstaaten waren das Ordnungsprinzip des 19. Jahrhunderts. Zu glauben, sie seien auch die Lösung für die Probleme des 21. Jahrhunderts, ist eine gefährliche Illusion.

Dieses Buch sucht Antworten auf fünf fundamentale Fragenkomplexe:

- Warum ausgerechnet jetzt? Warum erstarkt gerade jetzt das nationale Moment und stellt die Globalisierung infrage? Welche Kräfte treiben diesen Trend? Kapitel 2 erklärt, wie die Globalisierung sich abschafft – und warum von Peking bis Pegida die Neonationalisten auf dem Vormarsch sind.
- Was haben die Eliten falsch gemacht? Wieso geht die neue Globalisierungsangst einher mit einem massiven Vertrauensverlust in die traditionellen Führungszirkel in Staat, Wirtschaft und Gesellschaft? Warum treten sie den Neu-Nationalen nicht entschiedener entgegen? Kapitel 3 analysiert den Krieg gegen die Paläste – und weshalb die globalisierten Eliten in Politik und Wirtschaft am Pranger stehen.
- Warum gibt es überhaupt Nationalstaaten? Wie sind sie einst entstanden? Welches sind ihre ökonomischen Funktionen? Warum erscheinen sie uns heute als natürliche Ordnung der Welt? Kapitel 4 wählt den kühlen Blick des Ökonomen – und sagt, wozu man Nationalstaaten braucht und wozu nicht.
- Gibt es Alternativen zum Nationalstaat? Wie ließen sich die großen überstaatlichen Probleme lösen? Welche Gegenentwürfe sind denkbar? Wird dadurch die Demokratie ausgehöhlt? Wie sähe eine wirklich funktionsfähige EU aus? Kapitel 5 wagt eine gedankliche Reise von Brüssel nach Utopistan – und erörtert, inwieweit sich der Nationalstaat überwinden lässt.
- Was kann Patriotismus heute bedeuten? Das Schlusskapitel stellt die Frage nach der nationalen Identität ins Zentrum – und warnt vor falschen Alternativen.

Der Rückbezug aufs Nationale ist umso problematischer, als sich die Menschheit an der Schwelle zu einer hochgefährlichen Epoche befindet. Wir stehen vor zwei Arten von Herausforderungen: vor unmittelbaren und vor langfristigen. In den kommenden Jahren und Jahrzehnten wird sich entscheiden, wie es weitergeht: ob wir gemeinsam in der Lage sind, friedlich und fair einen eng besiedelten und hochgradig intensiv genutzten Planeten zu bewohnen – oder ob wir uns durch Krieg, Terror, Umweltzerstörung und Ausbeutung gegenseitig das Leben zur Hölle machen. Die derzeitigen Entwicklungspfade sind nicht nachhaltig. Die Lage ist aber keineswegs hoffnungslos. Umsteuern ist möglich. Doch klar ist auch: Nur übernationale Ansätze versprechen tragfähige Lösungen, weil die Probleme sich nicht an nationale Grenzen halten.

Es sind vor allem vier Sackgassen, aus denen die Welt herausfinden muss: ökonomische, demografische, ökologische und sicherheitspolitische. Mit ihnen befasst sich das folgende Kapitel.

1. DIE VIER SACKGASSEN

Warum die Menschheit dabei ist, kollektiv
vor die Wand zu fahren

Ein Blick in die Nachrichtenseiten genügt, um den Eindruck zu gewinnen, die Welt sei aus den Fugen geraten. Terroristen, Selbstmordattentäter und Amokläufer schlagen quer durch Europa zu. Der »Islamische Staat« und andere islamistische Gruppen überziehen weite Teile Arabiens und Nordafrikas mit Krieg, Terror und Ausbeutung. Millionen von Flüchtlingen machen sich auf den Weg nach Europa. In der Türkei schwingt sich der Präsident zum Alleinherrscher auf, lässt Oppositionelle und Akademiker verfolgen und die Presse gleichschalten. In Europa ist ein neuer kalter Krieg zwischen dem Westen und Russland ausgebrochen: Entlang der NATO-Ostgrenze stehen sich immer größere Militärkontingente gegenüber. Währenddessen ist der Westen im Begriff, sich selbst zu zerlegen: Bereits im Wahlkampf hat Amerikas neuer Präsident Donald Trump die unbedingte Solidarität mit den NATO-Partnern aufgekündigt, per Interview in der *New York Times*. Die EU steckt in einer existenziellen Krise. Selbst einzelne westeuropäische Länder zeigen Auflösungserscheinungen; Schotten, Katalanen, Flamen werden nicht müde, eigene Staaten zu fordern. Deutschland ist mit seiner unabweisbaren europäischen Führungsrolle überfordert.

Die gegenwärtigen Entwicklungen beschwören ein altes westliches Trauma herauf: den Niedergang des Römischen Imperiums. Dessen Hochkultur wurde einst überrannt vom Ansturm der Barbaren aus dem Norden, um dann in jahrhundertelangem Kulturverfall zu versinken. Natürlich, Geschichte wiederholt sich nicht, jedenfalls nicht eins zu eins. Und doch: Vor unseren Augen scheint die offene, zivile, friedliche Ordnung auseinanderzubrechen und einer gefährlichen Unordnung zu weichen.

Die große Frage ist: Warum? Die nächsten beiden Kapitel untersuchen die politökonomischen Ursachen der derzeitigen Stresssymptome. In diesem Kapitel geht es zunächst um die Frage, welches destruktive Potenzial sich für die Zukunft aus der Renationalisierung entwickelt. Vor allem vier Faktoren spielen dabei eine Rolle:

Die Weltwirtschaft produziert nicht mehr die gewohnten Wohlstandszuwächse vergangener Jahrzehnte. Deshalb werden die Verteilungskämpfe schärfer – innerhalb von Gesellschaften, zwischen Kulturen und Religionen, zwischen Staaten.

Die Weltbevölkerung wächst weiter, aber regional höchst ungleichmäßig, sie ist besser informiert und wird immer mobiler. Migrationsströme und die damit verbundenen kulturellen Reibungen nehmen deshalb zu – innerhalb von Gesellschaften, zwischen Staaten, zwischen Kontinenten.

Das Weltklima verändert sich spürbar, ein Prozess, bei dem viele auf der Verliererseite enden werden. Wasserknappheit und Ernteausfälle bedrohen gerade jene Gebiete, die die größten Bevölkerungszuwächse aufweisen.

Der Weltfrieden wird bedroht durch neue Terrorgruppen wie den »Islamischen Staat«, die sich an keine Regeln halten, und durch den Expansionsdrang von Nuklearmächten wie Russland und China, die versuchen, Territorien und Einflusssphären auszudehnen. Was innere und was äußere Sicherheit ist, lässt sich immer schwerer auseinanderhalten.

Diese vier Faktoren bedingen einander gegenseitig: Bleiben Wohlstandszuwächse aus, werden die Geburtenraten langsamer zurückgehen als bislang erwartet, wodurch wiederum die Weltbevölkerung umso schneller wächst, sodass der Klimawandel noch schwieriger zu bremsen sein wird und die Sicherheitslage umso prekärer. So, wie die Dinge derzeit laufen, befindet sich die Menschheit in vier Sackgassen gleichzeitig. Es lohnt sich, diese nacheinander zu erkunden.

DIE ÖKONOMISCHE SACKGASSE

Die Weltwirtschaft ist gefangen in einer Schuldenspirale. Seit Jahren schon. Auch wenn viel vom Sparen und Kürzen geredet wird: Die Zahlen offenbaren ein anderes Bild. Sagenhafte 140 Billionen US-Dollar, mehr als das Doppelte des globalen Sozialprodukts, betragen die gesamten Verbindlichkeiten von Staaten, Unternehmen und Bürgern,[4] wie die Bank für Internationalen Zahlungsausgleich (BIZ) errechnet hat. Seit 2007, dem Jahr vor dem Ausbruch der Finanzkrise, hat sich das Schuldenloch um ein Drittel vergrößert.[5] Es ist nicht so, dass die Welt allmählich aus den roten Zahlen herauswüchse. Im Gegenteil: Wie in einer Kettenreaktion zieht sich die Auf-Pump-Wirtschaft rund um den Globus. Es ist stets das gleiche Muster: Zunächst verschulden sich Unternehmen und Bürger. Dann bricht eine akute Finanzkrise aus. Darauf folgt eine quälend lange Phase, in der die Wirtschaft lahmt und die staatliche Verschuldung immer weiter steigt. Selbst wenn es Unternehmen und Bürgern gelingt, ihre Verbindlichkeiten allmählich abzubauen, so wiegt die gesamte Schuldenlast der Volkswirtschaften doch immer schwerer.[6]

Es begann in Japan mit dem Nippon-Boom der achtziger Jahre. In den Neunzigern sprang der Funke über auf Westeuropa und Nordamerika, wo insbesondere während der vermeintlich goldenen Nullerjahre die Verschuldung von Bürgern und Unternehmen stark anstieg. Als die Finanzkrise von 2008/09 das Spiel beendete, ging es in den Schwellenländern weiter: Vor allem China ließ seine Staatsbanken von der Kette und weitete die Kreditvergabe an Unternehmen drastisch aus, um den Investitionsboom weiter zu finanzieren. Inzwischen treiben sogar Ölexporteure wie Saudi-Arabien die Verschuldung in die Höhe. Das Resultat: Seit 2007 ist die Schuldenlast in den Schwellenländern um rund die Hälfte gestiegen, auf inzwischen 170 Prozent des BIP, wobei die öffentlichen Verbindlichkeiten bislang kaum angewachsen sind (siehe Abbildung 1).

1. Globale Schuldentürme

Verbindlichkeiten von Staaten, Unternehmen und privaten Haushalten

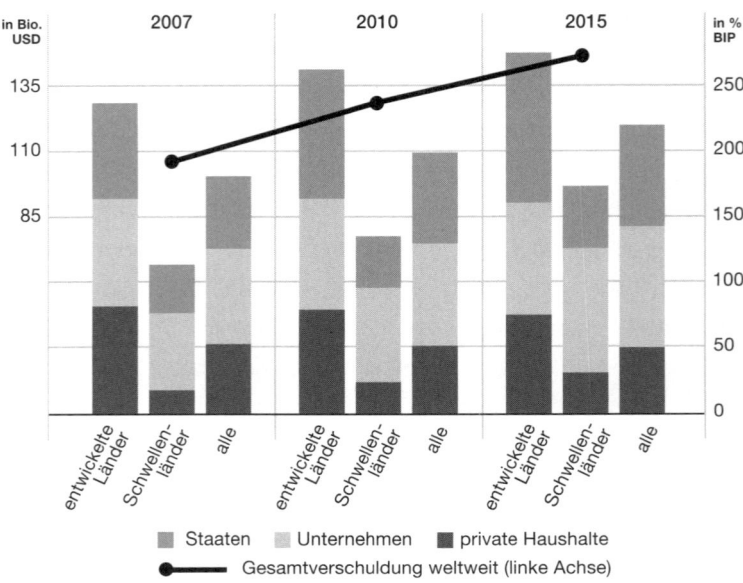

Quelle: Bank für Internationalen Zahlungsausgleich

So könne das auf keinen Fall auf Dauer weitergehen, mahnt die BIZ. Setzt sich der bisherige Trend fort, rutscht die Welt in die kollektive Pleite. Würden die Notenbanken rund um den Globus die Zinsen nicht künstlich niedrig halten, wäre die Lage längst prekär. Entsprechend dramatische weltwirtschaftliche Auswirkungen dürfte die sich ankündigende Hochzinspolitik der USA unter Trump zeitigen.

Es gibt nur wenige Länder, die sich der Kettenreaktion bislang entzogen haben. Die größte unter den solideren Volkswirtschaften ist die Bundesrepublik. Kein anderes Land von vergleichbarer Wirtschaftskraft geht so konservativ mit Geld um. Sparen, Kürzen, Lohnzurückhaltung – die Bundesrepublik ist eine rare Ausnahme. Unternehmen und Bürger sind nur moderat verschuldet, die staatliche Schuldenlast sinkt sogar. Deutschland, ein massiver Fels inmitten einer unsoliden Welt – so jedenfalls sehen sich die Deutschen selbst.

Doch das scheinbar schöne Bild hat eine wenig beachtete Kehrseite: Die Bundesrepublik ist inzwischen eine der größten Geldverleihnationen. 2015 flossen aus Deutschland netto 232 Milliarden Euro in den Rest der Welt, so die Bundesbank.[7] Der größte Teil davon wurde in Wertpapiere gesteckt, überwiegend in Anleihen, zunehmend aber auch in Aktien. So geht das seit anderthalb Jahrzehnten. Das sparsame Deutschland erwirtschaftet ständig mehr Geld, als im Inland ausgegeben wird. Die Überschüsse werden im Ausland investiert. So hat sich seit Anfang 2000 ein gigantisches Vermögen aufgebaut. Netto verfügt Deutschland derzeit über Forderungen gegenüber dem Rest der Welt in Höhe von über 1,5 Billionen Euro, mehr als 50 Prozent des deutschen BIP.

Man muss allerdings bezweifeln, dass dieses Geld gut angelegt ist. Denn das deutsche Auslandsvermögen besteht letztlich aus den Verbindlichkeiten der anderen. Es geht um sehr große Summen. Zwischen 2001 und 2015 hat die Bundesrepublik Leistungsbilanzüberschüsse von aufsummiert 2 Billionen Euro eingefahren, insbesondere durch die hohen Exportüberschüsse. Das Auslandsvermögen beträgt aber lediglich 1,5 Billionen. 500 Milliarden Euro sind also verloren gegangen – 20 Prozent des BIP. Und niemanden stört's. Die Verluste dürften sich noch vergrößern: Wenn am Ende überschuldete Staaten und Unternehmen ihre Außenstände nicht vollständig begleichen können, weil die Schuldner zahlungsunfähig sind, muss Deutschland Forderungen abschreiben.

Das deutsche Beispiel zeigt: Kein Land kann sich der globalen Schuldendynamik entziehen. Wir hängen alle mit drin, Schuldner genauso wie Gläubiger. Wer spart, droht am Ende als der Dumme dazustehen.

Die hohen Schulden wären nicht weiter schlimm, würde die Weltwirtschaft dynamisch wachsen. Dann ließen sich mit etwas Ausgabendisziplin die Verbindlichkeiten allmählich abbauen. Aber das ist nicht der Fall. Die ökonomische Dynamik ist weltweit abgeflaut. Die hohen Zuwächse früherer Jahrzehnte sind Geschichte. Im Schnitt der OECD-Länder hat sich der Wachstumstrend (»Potenzialwachstum«) seit dem Jahr 2000 halbiert, auf nur noch 1 Prozent jährlich.[8] Rund um den Globus wird deutlich weniger investiert als früher. Auch China schafft längst nicht mehr seine frühere Wachstumsnorm von 10 Prozent jährlich, während rohstoffexportierende Volkswirtschaften wie Russland und Brasilien in schweren Krisen stecken.

Beunruhigend ist insbesondere die Produktivitätsentwicklung: Seit mehr als zwei Jahrzehnten fallen die Zuwächse des Outputs pro Arbeitsstunde in den reichen Volkswirtschaften immer weiter Richtung Nulllinie. Die Schwellenländer scheinen diesem Trend mit einem Jahrzehnt Verspätung zu folgen (Abbildung 2).

Ökonomen ringen um Erklärungen. Von »säkularer Stagnation« ist die Rede:[9] von zu schwacher Nachfrage, bedingt durch die Alterung der Bevölkerung, ungleiche Einkommensverteilung und die Digitalisierung. Andere sehen die Innovationskraft erlahmen, weil die wirklich nützlichen Dinge schon alle erfunden worden seien und die Kosten für neue Entdeckungen und Entwicklungen immer weiter stiegen.[10] Die Digitalisierung drücke das gemessene Wirtschaftswachstum, weil dadurch der Marktwert vieler Güter drastisch sinkt.[11]

Viele Erklärungen, die um die Deutungshoheit konkurrieren. Weithin unbestritten ist jedoch, dass die hohen Schulden eine zentrale Rolle beim Abflauen des Wachstums spielen.[12] Denn der Schuldendienst bindet Mittel: Wenn ein großer Anteil der laufenden Einkommen, Cashflows und Steuereinnahmen in Zins und

2. Fortschritt? Welcher Fortschritt?
Zunahme der Arbeitsproduktivität

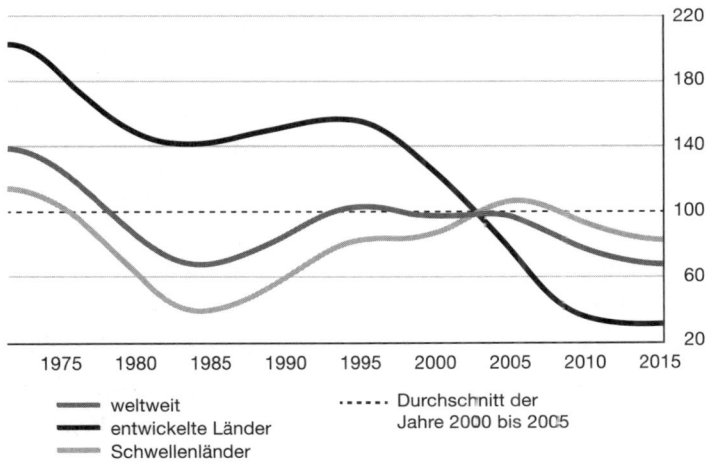

━━━ weltweit	····· Durchschnitt der
━━━ entwickelte Länder	Jahre 2000 bis 2005
━━━ Schwellenländer	

Quelle: BIZ (2016), S. 10.

Tilgung fließt, dann fehlen Gelder für Investitionen und Innovationen. Entsprechend schmaler fällt das künftige Produktionspotenzial aus – entsprechend schwieriger wird es, hohe Schuldenlasten zu tragen. Wir nähern uns dem Ende der Sackgasse.

Kapitel 2 wird sich eingehend mit der Anatomie des gegenwärtigen Wirtschaftsmodells, den Ursachen und Folgen der derzeitigen schleichenden Krise beschäftigen. An dieser Stelle soll der Hinweis genügen, dass die Weltwirtschaft dabei ist, *insgesamt* in die Schuldenfalle zu taumeln. Das ist neu. Seit dem Zweiten Weltkrieg waren Schuldenkrisen stets auf ein Land oder eine Gruppe von Ländern beschränkt. Ob die lateinamerikanische Schuldenkrise der achtziger Jahre, der Japan-Crash von 1990, die Mexiko-Krise von 1994/95 oder die Asien-Krise von 1997/98 – all diese ökonomischen Unwetter fanden statt in einer ansonsten heiteren weltwirtschaftlichen Großwetterlage, sodass Nordamerika und Westeuropa die angeschlagenen Volkswirtschaften mitziehen konnten. Nach dem Lehman-Crash und der folgenden großen Rezession von 2008/09 wiederum profitierte der Westen von der Dynamik der Schwellenländer, die inzwischen zu stattlicher Wirtschaftskraft herangewachsenen waren. Heute allerdings ist es mit der automatischen Stabilisierung der Weltwirtschaft nicht mehr weit her: Praktisch alle großen Wirtschaftsräume nähern sich gleichzeitig einem Zustand übermäßiger Verschuldung. Anders als früher ist es sinnlos, auf eine automatische Rettung von außen zu hoffen.

Das Finanzsystem ist bislang nicht zusammengebrochen, weil die Notenbanken mit immer neuen Wellen von Liquidität die Märkte fluten und so den Schuldendienst künstlich verbilligen. Die Probleme sind nicht gelöst, bloß vertagt. Entsprechend hoch bleiben die Schuldenstände, und sie steigen immer weiter.

Letzter Ausweg Handelskrieg

In dieser Situation ist es letztlich zwecklos, wenn einzelne Staaten gegen die hohen Schulden ansparen: Wer Ausgaben kürzt, dämpft die Nachfrage, wodurch wiederum das Wachstum leidet und die Schuldenlast umso schwerer wiegt. Auch solide scheinende Gläubigernationen wie Deutschland sind keineswegs immun: Wenn die globale Nachfrage schwächelt, leiden die Exporte. Und wenn Schuldner in die Knie gehen, können sie ihre Forderungen nicht mehr begleichen.

Wie gesagt, wir alle stecken gemeinsam in der globalen ökonomischen Sackgasse.

Und je tiefer wir in diese Sackgasse hineingeraten, desto düsterer wird es. Denn letztlich sind die hohen Schulden nicht kompatibel mit einer offenen Weltwirtschaft. Ohne Wachstum erscheint der internationale Handel als Nullsummenspiel. Was der eine gewinnt, verliert der andere. Das Versprechen, wonach der freie Austausch der Nationen den Wohlstand in der Breite mehrt – jahrhundertelang empirisch erprobt –, verliert an Überzeugungskraft. Es ist das typische Phänomen einer Dauerkrise: Die ökonomisch Schwachen versuchen, sich vor scheinbar übermächtigen internationalen Wettbewerbern zu schützen. So war es auch in den dreißiger Jahren, als die globale Depression in einen Handelskrieg ausartete. Das politökonomische Muster ist dabei stets das gleiche: Die Angst vor der Konkurrenz schweißt schlagkräftige Koalitionen aus Arbeitern, Gewerkschaftern, Wirtschaftsvertretern und Politikern zusammen. Die Nutznießer des freien Handels, Konsumenten und wettbewerbsfähige Unternehmen, können ihre Interessen hingegen kaum organisieren, geschweige denn durchsetzen.

Auch heute versuchen protektionistische Politiker wieder, den internationalen Austausch zurückzudrehen. Von Donald Trump in den USA über Marine Le Pen in Frankreich bis zu Beppe Grillo in Italien – sie versprechen Schutz vor Konkurrenten, wahlweise aus China, Mexiko oder Deutschland, die angeblich schuld sein sollen an all den Zumutungen der Gegenwart. Sie treffen damit einen Nerv, gerade in Regionen, in denen die Arbeitslosigkeit hoch ist und die Einkommensentwicklung schwach.

Dabei ist die grenzüberschreitende Bewegungsfreiheit für Menschen und Güter eine Errungenschaft, die in den Nachkriegsjahrzehnten in mühsamen Verhandlungen erreicht wurde. Der internationale Austausch wurde immer intensiver. Der Handel nahm schneller zu als das Sozialprodukt, ein Indikator für die zunehmende Verflechtung der Weltwirtschaft. Rezessionen unterbrachen die fortschreitende Globalisierung nur vorübergehend. Doch in diesem Jahrzehnt ist das Muster durchbrochen: Seit 2012 stagniert die Globalisierungsintensität. Sie geht sogar leicht zurück (Abbildung 3).

Verantwortlich für das Erlahmen des Welthandels sind vor allem die großen Schwellenländer. Im vorigen Jahrzehnt waren sie

3. Auf der Nulllinie
Globalisierungsintensität: Differenz zwischen Wachstum des Welthandels
und der Weltwirtschaft in Prozent

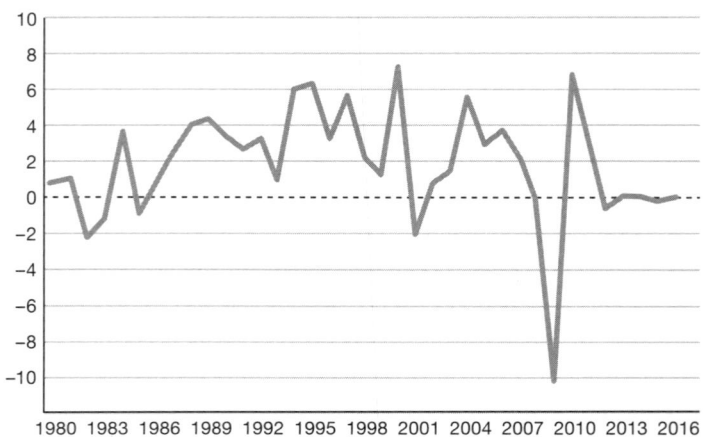

Quelle: IWF, eigene Berechnungen

die stärksten Antreiber der Globalisierung. Jetzt importieren sie immer weniger: China, Indien, Indonesien, Russland, Südafrika, Brasilien, Argentinien – überall der gleiche Trend.[13] Ein Rückgang, der zum Teil von veränderten Marktbedingungen herrührt – niedrige Rohstoffpreise drücken auf die Handelsbilanzen. Aber erkennbar ist auch das verstärkte Bemühen, mehr im jeweiligen Inland zu produzieren. China ist heute in der Lage, deutlich komplexere Güter herzustellen als noch vor zehn Jahren. Dabei helfen sollen unter anderem Subventionen, Billigkredite für eigentlich insolvente Zombie-Konzerne beispielsweise, gerade in Branchen mit Überkapazitäten wie der Stahlindustrie.

Weltweit das gleiche Spiel: Lahmes Wachstum und hohe Schulden lösen eine Kaskade des Protektionismus aus. In den G20-Staaten, den wichtigsten Volkswirtschaften der Erde, greifen Handelsbeschränkungen um sich, wie die Welthandelsorganisation (WTO) ermittelt hat.[14] Im Oktober 2010 waren insgesamt 324 handelsbeschränkende Maßnahmen in Kraft. Bis Mai 2016 hatte sich die Zahl der Eingriffe auf 1.196 erhöht. Zuletzt verhängten die G-20-Staaten 21 neue Handelsrestriktionen pro Monat – mehr als 2009, dem Jahr der großen Rezession. Zahlen, die stark steigen dürften, sollte ein protektionistischer Kurs der USA anderswo Gegenmaßnahmen auslösen.

Anders als in den 1930er Jahren, als allgemeine Importbeschränkungen die bevorzugten Waffen im Handelskrieg waren, geht es heute subtiler zu. Bislang jedenfalls. Häufig sind es feine Nadelstiche, die auf einzelne Branchen zielen, insbesondere auf solche, in denen globale Überkapazitäten einen Preisverfall ausgelöst haben. Ein Drittel der Anti-Dumping-Maßnahmen bezog sich nach WTO-Erkenntnissen auf die Eisen- und Stahlindustrie, ein weiteres Fünftel auf den Maschinen- und Anlagenbau. Hauptadressat der Verfahren ist China, Hauptinitiator sind die USA, wo sich die Anzahl der Verfahren 2015 gegenüber dem Vorjahr verdoppelt hat.[15]

Amerika strebt nach Schutz vor importieren Waschmaschinen, Stahlplatten, Rohren oder Reifen. Die EU möchte die Einfuhr von Stahl- und Aluminiumprodukten zurückdrängen. Russland hat eine »Importsubstitutionskommission« geschaffen, die dafür sorgen soll, dass russische Betriebe mit Staatsbeteiligung möglichst wenig im Ausland kaufen; eine offizielle Liste vermerkt 139 Industrieprodukte – von Wassertanks über Autos, Kräne und Lokomotiven bis zu Computern und Tomographen –, die die Unternehmen nur mit staatlicher Sondergenehmigung importieren dürfen. Indien belegt die Einfuhr von entspiegeltem Glas, Modeschmuck, Aluminiumprodukten oder Golfcarts mit höheren Zöllen.[16] Fast 50 eng bedruckte Seite füllt die WTO-Übersicht der aktuellen Maßnahmen. Und das ist längst nicht alles.

Unterhalb der sichtbaren Oberfläche von Maßnahmen, die die Welthandelsorganisation erfasst und für die sich Regierungen rechtfertigen müssen, hat sich eine dunkle Sphäre aus weniger leicht erkennbaren protektionistischen Werkzeugen ausgebreitet: sogenannte Lokalisierungsmaßnahmen. Dahinter verbergen sich Vorschriften, die sicherstellen sollen, dass ein Großteil der Wertschöpfung im Land des Konsums erbracht wird (»local content«). Sie kommen inzwischen nicht nur als schlichte Anforderungen für die Verwendung örtlicher Vorprodukte daher, sondern in einer breiten Palette von differenzierten Werkzeugen: Steuervorteile, Preiszuschläge bei öffentlichen Aufträgen, Exportfinanzierung, nationale Zulassungstests, Vorschriften zur örtlichen Datenerhebung und -speicherung und dergleichen mehr.

Unternehmen – vom US-Multi General Electric bis zu deutschen Mittelständlern – reagieren inzwischen darauf, indem sie sich wieder national organisieren. Wie früher, in der Ära vor der Globalisierung. Noch bis vor kurzem verfolgten Unternehmen die entgegengesetzte Strategie: Sie organisierten sich entlang international integrierter Wertschöpfungsketten und knüpften ein immer feinnervigeres Netzwerk aus internationalen Handelsbeziehungen. Jetzt setzen international operierende Unternehmen wieder auf Vor-Ort-Produktion, weil das Exportieren schwieriger wird (schlechte Nachrichten fürs Exportland BRD!). Auch wenn's teuer ist: Nur dadurch, so die Rechnung, lässt sich der Zugang zu wichtigen Märkten noch erhalten.[17]

Im Augenblick, so scheint es, bereiten sich viele Konzerne darauf vor, das Ende der globalökonomischen Sackgasse zu erreichen.

TTIP und die seltsamen Deutschen

In einer Welt immer stärkerer protektionistischer Spannungen wäre es eigentlich eine gute Sache, wenn wenigstens zwischen Nordamerika und Europa die Märkte offen blieben, wenn sich der Austausch sogar noch intensivierte. Doch das Abkommen, das die EU mit Kanada (CETA) ausgehandelt hat, konnte nur mit Mühe und Not unterzeichnet werden; zuletzt wäre es fast am Widerstand der belgischen Provinz Wallonien gescheitert. Das EU-USA-Abkommen TTIP, obwohl weitgehend fertig verhandelt, liegt auf Eis, womöglich für immer. In den USA hat Donald Trumps »America first«-Wahlkampf internationale Handelsabkommen per se diskreditiert. In Europa sind seltsamerweise gerade die deutschsprachigen Länder Deutschland, Österreich und Luxemburg gegen die transatlantischen Abkommen Sturm gelaufen.

Eigentlich paradox: Die Bundesrepublik ist heute ein Land, dessen Wohlstand zum großen Teil auf seiner exportstarken Industrie fußt, das immer größere Überschüsse mit dem Rest der Welt erwirtschaftet, dessen Bevölkerung aber internationalem Austausch zunehmend kritisch gegenübersteht. Nur noch 56 Prozent der Bundesbürger hielten im Frühjahr 2016 intensiveren Handel für eine gute Sache, 27 Prozent für eine schlechte. Eine massive Eintrübung binnen nur zwei Jahren: 2014 sahen noch 88 Prozent die Ausweitung des Handels positiv, nur 9 Prozent negativ, wie eine Studie der Bertelsmann-Stiftung zeigt.[18] Besonders ablehnend stehen die Deutschen dem geplanten Handels- und Investitionsabkommen TTIP zwischen der EU und den USA gegenüber: 33 Prozent der Befragten fänden das Abkommen schlecht, nur 17 Prozent gut, so die Studie. Nirgends in der EU gibt es so viele TTIP-Gegner wie in den deutschsprachigen Ländern.

Globalisierungsskepsis unter Globalisierungsgewinnern – das ist ein höchst ungewöhnliches Phänomen. Einer Phalanx aus NGOs, Bioaktivisten und Bauernvertretern ist es zu einem frühen Zeitpunkt gelungen, die Deutungshoheit über TTIP zu gewinnen. Diejenigen, die das unmittelbar größte Interesse an einem Abschluss haben – Großunternehmen, ihre Beschäftigten, die Industrieverbände und -gewerkschaften –, duckten sich zu lange weg, während Brüssel und Berlin zunächst unentschlossen lavierten. Die TTIP-Gegner haben eine Erzählung etabliert, gegen die das politökonomische Establishment nicht mehr ankommt. Die Welt als Zerrbild: Da geht in Deutschland, dem Land des Billigstessens und der kraftstrotzenden Konzerne, die Angst um vor vergifteten Nahrungsmitteln (von »Chlorhuhn« bis »Hormonrindfleisch«) und sinistren Multis (von Exxon bis Google). Da werden die USA zur Übermacht der Finsternis. Wer den Handelskritikern zuhört, kann leicht den Eindruck gewinnen, in ein mentales Paralleluniversum geraten zu sein. Berechtigtes Unbehagen über das Wirken der NSA oder die Marktmacht der Internetgiganten fusioniert mit dumpfen Gefühlen und verfestigten Vorurteilen. Schon bemerkenswert, dass sich eine Nation über die Perspektive eines freien wirtschaftlichen Austausch mit Amerika echauffiert, während sie gleichzeitig achselzuckend zur Kenntnis genommen hat, dass der Handel mit zweifelhaften Regimen (von China bis zu den Golfstaaten) fester Bestand ihres Geschäftsmodells ist. Ernstzunehmende Kritikpunkte, wie die Schiedsgerichte zum Investorenschutz, lassen sich nun kaum noch seriös erörtern.[19]

Die Politik reagiert darauf, wenn auch widersprüchlich: Die Bundesregierung will internationale Abkommen retten, indem sie die EU demontiert. Im Sommer 2016 beharrte insbesondere Wirtschaftsminister Sigmar Gabriel lautstark darauf, über das bereits ausverhandelte Abkommen mit Kanada, das als Vorbild für TTIP gilt, werde der Bundestag abstimmen. Schon bemerkenswert: Ausgerechnet die Bundesregierung, die sonst die übrigen EU-Staaten gern über europäische Regeln belehrt und auf ihre unbedingte Einhaltung dringt, setzt sich über erprobte Spielregeln hinweg. Nun durften in allen 28 Mitgliedstaaten und auch in einigen Regionen die Volksvertreter über CETA abstimmen. Unter dem Druck des protektionistischen Zeitgeists wurde die europäische Gewaltenteilung ausgehebelt. Die EU hat die »ausschließliche Zuständigkeit« für die Außenhandelspolitik, so steht es unmissverständlich im EU-Vertrag. Entsprechend verhandeln und entscheiden EU-Institutionen: Kommission, Parlament, Rat.

Zwar handelt es sich bei CETA und TTIP um gemischte Abkommen, die auch national ratifiziert werden müssen. Das aber war früher reine Formsache. Ganz nebenher wurde damit die Position der EU-Handelskommissarin Cecila Malmström geschwächt, die bei künftigen internationalen Verhandlungen kaum noch das ganze Gewicht der EU in die Waagschale werfen kann. Unter dem Druck des national gefärbten Zeitgeists ist Europa dabei, sich selbst ins Abseits zu manövrieren. In einer Welt, in der Großmächte wie die USA, China und Russland den Ton angeben, verliert die EU in ihrem gegenwärtigen Zustand dramatisch an Einfluss.

Die EU wie auch die Trump-infiltrierten USA sind von einer Welle des Neoprotektionismus erfasst. Sein Vorläufer war noch eine ziemlich rationale Strategie. Es ging um das einseitige Erringen von Vorteilen auf umkämpften Märkten. Inzwischen jedoch bedarf es keiner vernunftorientierten Begründung mehr, um freien Handel abzulehnen. Es genügt ein emotionales Unwohlsein mit den schwer durchschaubaren Zuständen der globalisierten Ökonomie. Darüber allerdings lässt sich schwerlich diskutieren, geschweige denn verhandeln. Die Auswirkungen des Neoprotektionismus sind deshalb hochproblematisch: Eine von gefühlten Problemen geleitete Politik kann durchaus sehr reale Probleme produzieren.

Eines ist sicher: Der dringend ersehnte Wachstumsschub wird sich durch protektionistische Maßnahmen nicht einstellen. Auch der Produktivitätsfortschritt wird nicht angeregt, wenn global immer ineffizienter produziert wird. Im Gegenteil. Umso schwerer werden die Schuldenlasten zu tragen sein. Die Weltwirtschaft gerät kollektiv immer tiefer in diese ökonomische Sackgasse.

DIE DEMOGRAFISCHE SACKGASSE

Um 1850, als sich der Nationalismus zum dominierenden Ordnungsprinzip in Europa aufschwang, lebten 1,5 Milliarden Menschen auf der Erde. 1950 waren es 2,5 Milliarden, 1990 dann 5,3 Milliarden, heute sind es 7,4 Milliarden. Kein Wunder, dass vielerorts die Spannungen steigen. Derzeit strebt die globale Demografie ihrem dramatischen Crescendo zu. Geht es weiter wie bisher, droht eine apokalyptische Zuspitzung, insbesondere in der zweiten Hälfte dieses Jahrhunderts. Sollten die Geburtenziffern auf heutigem Niveau bleiben,[20] würden 2050 knapp 11 Milliarden Menschen auf der Erde leben, 2100 dann unvorstellbare 27 Milliarden, so die Vorausberechnungen der Vereinten Nationen.[21] Dass die natürlichen Ressourcen genügen sollen, um eine so große Zahl von Menschen auch nur halbwegs hinreichend zu ernähren, ist aus heutiger Sicht unvorstellbar. Milliarden junger Menschen würden in einen brutalen Überlebenskampf um Essen, Wasser, Luft, Rohstoffe und Boden gezogen. Eine schwer erträgliche Vorstellung.

Allerdings haben die UN-Forscher auch ein hoffnungsvolles Alternativszenario durchgerechnet. Es ist durchaus möglich, dass die Geburtenzahlen rasch sinken und die Menschheit zu wachsen aufhört. Bereits 2050 würde dann die Zahl der Erdbewohner ihr Maximum erreichen: bei knapp 9 Milliarden Menschen – anderthalb Milliarden mehr als heute. In den Jahrzehnten danach würde die Bevölkerung allmählich wieder ausdünnen. Der demografische Stress ließe nach. Eine alternde Welt könnte friedlicher und wohlhabender sein als die heutige. Die Menschen könnten zufriedener leben, und ihre derzeit teils hochnervösen Gesellschaften würden sich beruhigen.

In diesem optimistischen Szenario wären die dreieinhalb Jahrzehnte bis 2050 keine unüberwindbare Herausforderung mehr. Die Kopfzahl würde weniger stark steigen als in den zweieinhalb

Jahrzehnten seit 1990. Damals hatte rund ein Fünftel der Menschheit nicht genug zu essen. Heute ist es noch ein Zehntel, wie die Welternährungsorganisation FAO schätzt[22] – obwohl im selben Zeitraum die Bevölkerungszahl um zwei Milliarden gewachsen ist. Ein kaum zu überschätzender Fortschritt. Natürlich, 800 Millionen Hungernde sind immer noch viel zu viele. Aber die Produktivitätsreserven der Landwirtschaft dürften es ermöglichen, auch den verbleibenden Zuwachs an Menschen mit Nahrungsmitteln zu versorgen.

Leider ist es keineswegs ausgemacht, dass die Menschheit das optimistische Szenario erreicht. Dass es Wirklichkeit wird, ist überhaupt nur denkbar, wenn auch in ärmeren Ländern schon bald so wenige Kinder pro Frau zur Welt kämen wie heute im Westen. Insbesondere in Afrika südlich der Sahara müsste sich die Geburtenziffer, heute bei fünf Kindern pro Frau, bis 2050 halbieren. Das ist möglich; auch in der Vergangenheit ging die Fertilität in vielen Ländern schneller zurück als erwartet. Aber die Herausforderung ist enorm: Ein derart rascher Rückgang der Geburten ist nach den bisherigen Erfahrungen nur möglich unter den Bedingungen einer geordneten, verstädterten Welt, in der es funktionierende Bildungs- und effektive Sozialsysteme gibt, in der Frauen wirtschaftlich, sozial und rechtlich autonom sind. Nötig wäre ein Entwicklungssprung, der traditionell geprägte Gesellschaften binnen anderthalb Generationen in die Postmoderne katapultiert. Länder, in denen bislang allein die Familie Sicherheit versprach und staatliche Institutionen nicht vorhanden oder nicht verlässlich sind, müssten sich in effiziente Staatswesen verwandeln. Erreichbar ist eine derart dramatische Wende zum Besseren überhaupt nur durch engere internationale Zusammenarbeit, die sich auf die Länder konzentriert, die den größten Anteil am natürlichen Bevölkerungswachstum ausmachen: Indien, Nigeria, Pakistan, die Demokratische Republik Kongo, Äthiopien, Tansania, Indonesien und Uganda.[23]

Warum sollte der reiche Westen zu derlei Hilfe bereit sein? Weil er selbst etwas davon hätte, denn die mit dem raschen Bevölkerungswachstum verbundenen Probleme werden keineswegs in diesen Ländern verbleiben. Die steigende Zuwanderung, über die sich die Europäer in den vergangenen Jahren erregt und zerstritten haben, ist nur ein schattenhafter Vorbote kommender Wanderungsbewegungen.

Halb gezogen, halb gedrückt – Migration im digitalen Zeitalter

Ländern mit rasch wachsenden Bevölkerungen kehren besonders die jungen Mobilen durch Abwanderung den Rücken. So war es in Europa in der zweiten Hälfte des 19. Jahrhunderts, als viele Millionen Menschen nach Amerika emigrierten. So ist es heute. In rasch wachsenden Gesellschaften sind die Entfaltungsmöglichkeiten begrenzt. Wer geht, dem eröffnen sich neue Chancen.

In den kommenden Jahrzehnten dürfte der Abwanderungsdruck enorm zunehmen. Denn gerade dort, wo die größte demografische Dynamik herrscht, wird sich der Klimawandel besonders stark auswirken, wie die Weltbank warnt.[24] In einem Gürtel, der sich um den halben Globus von der nördlichen Hälfte Afrikas über die arabische Halbinsel bis nach Indien und China erstreckt, droht Wasserknappheit als Folge einer Kombination aus Bevölkerungswachstum, steigenden Einkommen, wachsenden Städten und immer unsicheren Niederschlägen. Wo die lebensessenzielle Ressource Wasser knapp wird, drohen inner- und zwischenstaatliche Konflikte, geringeres Wirtschaftswachstum und umso stärkerer Abwanderungsdruck. Auch fürs Aquamanagement gilt: Wasserknappheit lässt sich vermeiden – indem die hemmungslose Verschmutzung von Seen, Flüssen und Grundwasser beendet und eine Speicherinfrastruktur aufgebaut wird, mittels derer sich Phasen längerer Dürren überstehen lassen, indem Staaten gemeinsame Mechanismen zum fairen Teilen der Wasserreservoirs entwickeln. Intensivere Zusammenarbeit ist die notwendige Voraussetzung dafür, die Probleme anzugehen.

Nicht nur die Push-Faktoren, die Menschen aus ihrer Heimat drängen, werden stärker, auch die Pull-Faktoren potenzieller Zielländer. Die Welt ist transparent geworden. Via Internet und Smartphones, die inzwischen auch in armen Ländern verbreitet sind, haben Milliarden Menschen die Möglichkeit, sich ein Live-Bild von der Lage anderswo zu machen. Das hat tiefgreifende Auswirkungen. Wir vergleichen uns nicht mehr nur mit unseren Nachbarn um die Ecke, sondern mit unseren Mitmenschen in entfernten Weltgegenden. Das macht viele in den armen Ländern unzufrieden. 1981 haben Forscher der Universität von Michigan im Rahmen des World Values Survey herausgefunden, dass Nigerianer in etwa so zufrieden mit ihrem Leben waren wie Westdeutsche; der viel niedrigere afrikanische Lebensstandard tat den alltäglichen Glücksgefühlen keinen Abbruch. Seither jedoch hat sich die Situation radikal verändert: In den letzten Umfragen steht die Lebenszufriedenheit in direktem Zusammenhang zum Wohlstandsniveau (Bruttoinlandsprodukt pro Kopf). Nigerianer fühlen sich subjektiv schlechter als früher.[25]

Der permanente Vergleich der materiellen Möglichkeiten macht die relativ Armen unglücklich. Diesem Schicksal jedoch können sie leichter als früher durch Emigration entkommen. »Die Verbreitung des Internets ermöglicht es jungen Afrikanern oder Afghanen, mit einem Mausklick zu sehen, wie Europäer leben«, so Ivan Krastev, Leiter des Centre for Liberal Strategy in Sofia. Viele Leute träumten nicht mehr davon, an einer besseren Zukunft in ihren eigenen Ländern mitzuarbeiten, sondern »von anderen Orten«. Dort wiederum brauche man gar nicht dauerhaft anzukommen, sondern könne seine »ethnische und religiöse Identität« behalten: »Es ist möglich, Syrer zu bleiben, während man in London oder Berlin lebt und arbeitet. Man kann in Verbindung mit denen bleiben, die man zurückgelassen hat, und kann die Schlagzeilen von zu Hause lesen.«[26]

In einer engmaschig vernetzten, dicht bevölkerten Welt ist Demografie längst keine nationale Angelegenheit mehr. Aus ärmeren Regionen wandern die Menschen in wohlhabendere. Gerade Europa ist als Zielregion attraktiv: Die Alte Welt ist reich, und die demografischen Aussichten deuten darauf hin, dass es auf dem Kontinent, zumal in seiner östlichen Hälfte, ziemlich still werden könnte.[27] Entleerte Landschaften – das ist das Szenario der Demografen für Europa. In den kommenden dreieinhalb Jahrzehnten soll Deutschland fünf Millionen Einwohner verlieren – so viele Menschen wie heute in Berlin *und* Hamburg leben. In Italien wird die Bevölkerungszahl um mehr als drei Millionen sinken, in Polen um 5,5 Millionen, in Ungarn um anderthalb Millionen, in der Ukraine gar um neun Millionen. So prognostizieren es die aktuellen Vorhersagen der UNO. Einige Länder werden zwar auch weiterhin leicht wachsen, darunter Frankreich und Großbritannien, sodass Europas Kopfzahl insgesamt annähernd konstant bleibt. Dazwischen aber werden sich Gebiete der Ödnis auftun, die weitgehend entvölkert vor sich hin dämmern.

Währenddessen in Afrika: Bis 2050 wird sich den Prognosen zufolge die Bevölkerung südlich der Sahara mehr als verdoppeln. Nigeria wird dann der drittgrößte Staat der Welt sein, mit rund 400 Millionen Einwohnern bevölkerungsreicher als die USA. Einige der ärmsten Staaten, etwa Malawi und Somalia, werden ihre Einwohnerzahl gegenüber heute verdreifachen. Südlich der Sahara werden 2050 zwölfmal so viele Menschen leben wie 1950 (Abbildung 4). Städte wie Lagos, Kinshasa oder Nairobi, in denen die Lebensbedingungen heute schon harsch sind, drohen zu höllisch lebensfeindlichen Albträumen zu verkommen.

Doch diese beiden Welten, Afrika und Europa, werden nicht unabhängig voneinander existieren. Der am schnellsten wachsende und der am schnellsten alternde Kontinent der Erde liegen in geo-

4. Explosive Konstellation
Bevölkerung in Millionen Menschen

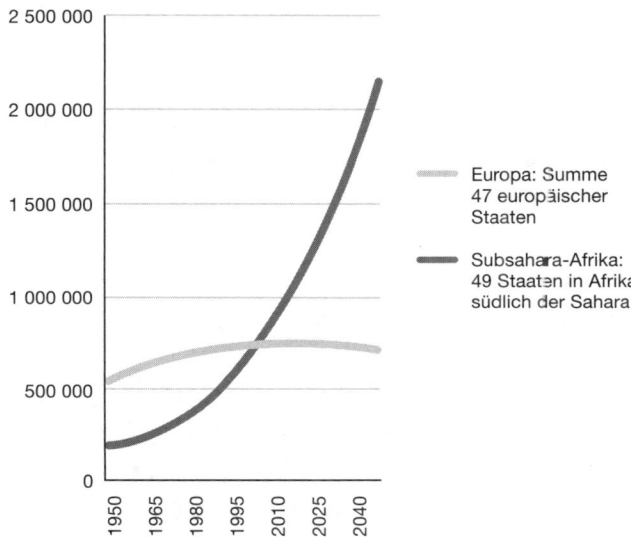

Quelle: UN World Population Prospects, 2015 revision

graphischer Nachbarschaft, leicht erreichbar per Schiff, Flugzeug, Lastwagen, notfalls zu Fuß. Es ist deshalb schlicht unrealistisch anzunehmen, all die Bedrängten und Ambitionierten würden in ihrer Misere verharren. Wie bei früheren großen Migrationsbewegungen in der Geschichte – von der europäischen Völkerwanderung im 5. Jahrhundert bis zur Besiedlung Amerikas und Australiens im 18. und 19. Jahrhundert – werden leere Landschaften nicht leer bleiben. Die gegenwärtige Flüchtlingswelle ist nur der Anfang eines langfristigen Trends.

Leider behandeln die Europäer das derzeitige Drama so, als würde es von allein vorbeigehen. Spontane Notlösungen werden den Problemen ebenso wenig gerecht wie drastische Maßnahmen zur Grenzsicherung, wie sie 2015 und 2016 um sich griffen. Einzelne Nationen sind hoffnungslos überfordert angesichts der Dimensionen der demografischen Herausforderungen: Entweder die Europäer schaffen es gemeinsam, die Bedingungen in Afrika derart zu verbessern, dass weniger Kinder geboren werden, den dennoch anhaltenden Zuzug zu steuern, das Beste aus der Zuwanderung zu machen und die Neuankömmlinge so gut zu integrieren, dass sie zu einer Verjüngung des alten Kontinents beitragen. Oder jede Nation reibt sich im Alleingang auf, im letztlich chancenlosen Wunsch, für sich zu bleiben.

DIE ÖKOLOGISCHE SACKGASSE

Je schneller die Bevölkerung wächst, je mehr sie an physischen Gütern produziert und konsumiert, desto schwieriger wird es, den Klimawandel in den Griff zu bekommen. Wiederum sind die nächsten dreieinhalb Jahrzehnte entscheidend. Um auf einen halbwegs sicheren Pfad zu gelangen, müsste der Ausstoß an Treibhausgasen viel geringer sein als heute. Die Modelle der Klimaforscher kommen zu dem Ergebnis, dass die Emissionen bis 2050 um etwa zwei Drittel sinken müssten. Nur dann gäbe es eine realistische Chance, den globalen Temperaturanstieg auf zwei Grad zu begrenzen.[28] Mit einer stark steigenden Bevölkerungszahl wäre dieses Ziel vermutlich unerreichbar.

Es ist nicht so, dass bislang nichts geschehen wäre. Viele Länder wirtschaften heute sauberer als früher. Um ein Drittel ist die Verschmutzungsintensität in den OECD-Ländern seit 1990 zurückgegangen. Im Schnitt stoßen sie heute 0,4 Kilogramm an klimaschädlichen Gasen aus, wenn sie 1.000 US-Dollar Bruttoinlandsprodukt (BIP) erwirtschaften. Anderswo ging die große Säuberung noch rascher vonstatten: So ist Russlands Klimaintensität seit dem Zusammenbruch der Sowjetwirtschaft auf ein Zehntel gesunken.[29] Aber das genügt bei weitem nicht: Geht es in diesem Tempo weiter, ist die Klimakatastrophe unausweichlich.

Denn absolut gesehen bläst die Weltwirtschaft heute rund 50 Prozent mehr Treibhausgase in die Atmosphäre als 1990.

So oder so, die Menschheit steht vor einer epochalen Wende. Entweder kommt es binnen einer Generation zu einer klimafreundlichen Revolution. Oder der Klimawandel selbst wird das Leben auf der Erde vollkommen verändern, sehr wahrscheinlich zum Schlechteren. Die Aufgabe erscheint schier übermenschlich groß. Bei einer weiterhin wachsenden Weltwirtschaft lässt sich der Ausstoß nur absolut senken, wenn die Menschheit bisher unbekannte Effizienzsprünge vollführt. Um Sage und Schreibe das Sieben- bis Achtfache müsste die Klimaintensität in den kommenden 35 Jahren zurückgehen, kalkuliert der britische Ökonom Nicholas Stern.[30] Zum Vergleich: In den vergangenen 25 Jahren ist in Deutschland die Klimaintensität gerade mal um den Faktor zwei zurückgegangen.

Kann das funktionieren? Im Prinzip ja – aber nicht, wenn jedes Land versucht, für sich allein das meiste herauszuholen. Die Klimakonferenz von Paris vom Dezember 2015 war ein wichtiger Schritt, aber bis zu einem verbindlichen globalen Treibhausmanagement, das die Emissionen tatsächlich senkt, ist es noch ein weiter Weg. Sofern es gelingt, den Bevölkerungsanstieg zu begrenzen, sind die gegenwärtigen Voraussetzungen sogar relativ günstig:[31] Die Weltwirtschaft quillt über vor Sparvermögen. Anleger in den alternden westlichen Volkswirtschaften und zunehmend auch in den Schwellenländern suchen nach Investmentmöglichkeiten. Doch sie finden vergleichsweise wenige vielversprechende Unternehmen und Projekte. Entsprechend niedrig sind die Renditen quer durch alle Assetklassen. Der Kampf gegen den Klimawandel kommt da gerade recht.

Natürlich, ein entschlossenes Umsteuern in Richtung carbonneutraler Lebens- und Produktionsweisen ist nicht zum Nulltarif zu haben. Gängige Schätzungen gehen von einem globalen Investitionsvolumen in Höhe von etwa einer Billion US-Dollar jährlich aus. Klingt viel, ist es aber nicht. Die Summe entspricht ziemlich genau dem Betrag, den allein US-Konzerne 2015 einsetzten, um eigene Aktien zurückzukaufen. Gelder sind also vorhanden. Unvorstellbare Summen liegen nutzlos herum. Es ist Zeit, sie produktiv an die Arbeit zu bringen. Und zwar grenzüberschreitend dort, wo sie den größten Nutzen fürs Klima stiften.

Ein globaler Pakt gegen den Stillstand – und seine Feinde

Inzwischen gibt es zahlreiche renommierte Ökonomen, die massive, auf Pump finanzierte staatliche Investitionsprogramme fordern, am besten international koordiniert.[32] Dass die Schuldenlasten dadurch zunächst noch weiter anstiegen, sei kein Problem, versichern sie. Schließlich seien die Zinsen extrem niedrig, in vielen Ländern sogar negativ. Der zusätzliche Schuldendienst sei deshalb leicht tragbar, zumal der erwartete Wachstumsschub beim Tilgen helfe. Aber auch eine global verabredete Deficit-Spending-Aktion wäre letztlich nur ein »Weiter so!« mit höchst ungewissem Ausgang: Was ist, wenn die Sache schiefgeht – wenn das globale Kartenhaus umso schneller zusammenbricht? Wenn in einem ungeordneten Prozess ein Land nach dem anderen einfach seinen Schuldendienst einstellt? Wenn die Not der Verarmung Regierungen dazu treibt, die Grenzen für Güter, Kapital und Menschen zu schließen?

Nötig wäre eigentlich etwas anderes: nämlich ein globaler Neustart. Ein großer Deal zwischen Schuldnern und Gläubigern mit dem Ziel, erdrückend hohe Schuldenstände auf erträgliche Maße zu schrumpfen und so gemeinsam aus der ökonomischen Sackgasse herauszufinden. Er müsste aus vier Elementen bestehen:

- *Erstens: ein globaler Schuldenabbaupakt,* der stringente Insolvenz-regeln für Unternehmen, Privatbürger und Staaten etabliert. Im Gegenzug müssten Banken, Versicherungen und andere Gläubiger in großem Stil Forderungen abschreiben. Institute, die dabei in Schieflage geraten, sollten nach möglichst ein-heitlichen Regeln aufgefangen oder abgewickelt werden. Das wäre ein schmerzhafter Schritt für Sparer, aber letztlich unum-gänglich, um aus der destruktiven Dynamik der Schuldenfalle herauszukommen.
- *Zweitens: ein globaler Hartgeldpakt.* Nach dem großen Schulden-schnitt braucht es eine neue Währungs- und Finanzordnung, die einen Rückfall in die Defizitwirtschaft verhindert. Noten-banken, Geschäftsbanken und Schattenbanken werden strikten Regeln unterworfen, die ihnen die Möglichkeit zu übermäßiger Kreditvergabe nehmen. Es wäre ein radikaler Ausstieg aus der Schuldenwirtschaft der vergangenen Jahrzehnte. Nebenbei würde verhindert, dass ein Schuldenschnitt abermals zum allzu sorglosen Umgang mit Verbindlichkeiten verleitet (*moral ha-zard*).
- *Drittens: ein globaler Investitionspakt.* Die Staaten verpflichten sich, neugewonnene finanzielle Bewegungsspielräume zu nut-zen, um in Infrastruktur, vor allem in klimaförderliche Energie-gewinnung und Verkehrssysteme, zu investieren. Die größten Potenziale dafür gibt es in den Schwellen- und Entwicklungslän-dern, wo die Bevölkerung rapide wächst und wo die Infrastruktur noch im Aufbau ist. Damit grenzüberschreitende Investitionen möglich sind, bedarf es eines internationalen Rechtsrahmens, der den Finanziers Sicherheit bietet.
- *Viertens: ein globaler Innovationspakt.* Um die menschliche Krea-tivität zur Lösung der anstehenden längerfristigen Probleme an-zuregen, sollten mehr Mittel in Bildung und Wissenschaft flie-ßen. Die meisten Länder geben bislang zu wenig für Forschung und Entwicklung aus, hat der Internationale Währungsfonds

vorgerechnet.[33] Auch deshalb lahmt das Produktivitätswachstum. International müsste ein solches Innovationsprogramm ausgerichtet sein, weil Wissen heute über alle Grenzen hinweg diffundiert: Was in einem Land entwickelt wurde, ist auch anderswo nutzbar und kommt nicht allein dem Investor zugute (im Ökonomenjargon »positive externe Effekte«). Meist wird dies jedoch übersehen, weshalb tendenziell zu wenig davon produziert wird. Im Endeffekt bleibt die Menschheit unter ihren geistigen Möglichkeiten.

Hat ein solcher globaler Neustart eine realistische Chance? Kaum. Nichts dergleichen wird ernsthaft diskutiert. Stattdessen regiert weiterhin die Illusion, irgendwie werde es schon weitergehen. Jede Nation für sich. Und wenn's drauf ankommt, jeder gegen jeden. Unbeeindruckt von der Zuspitzung der Lage tänzelt der öffentliche Diskurs weiter durch die abgenutzten Kulissen des Nationaltheaters. Nicht nur in Deutschland übrigens.

So gut wir uns heute über andere Länder und Weltgegenden informieren können, die politischen Diskurse verharren in nationalen Deutungsmustern. Sie treten sogar wieder stärker zutage: Jede Nation betrachtet den jeweiligen Rest der Welt durch eine spezifisch nationale Brille. Die großen gemeinsamen Projekte, die eine Welt auf Crashkurs eigentlich erzwingt, werden kaum thematisiert. Populisten versprechen, die eigenen Bürger vor der Unbill da draußen zu schützen. Zur Not mit aggressiven Mitteln, wie US-Präsident Donald Trump, der im Wahlkampf versprach, eine Mauer an der Grenze nach Mexiko zu errichten und Muslimen den Zutritt zum Land zu verwehren. In Deutschland löste die AfD eine ebenso bizarre wie erschreckende Diskussion über den Schusswaffengebrauch an deutschen Grenzen aus.

DIE SICHERHEITSPOLITISCHE SACKGASSE

Der neunationale Zeitgeist vergiftet die Politik in vielen Ländern. Statt gemeinsame Interessen zu formulieren, wird das Trennende betont. In einer Mediensphäre, in der ein intensiver Aufmerksamkeitswettbewerb herrscht, wird der Ton schriller und schriller. Die veränderte Stimmlage schafft politische Fakten, weil sie die Weltsicht ganzer Gesellschaften verändert. Misstrauen breitet sich aus, und manchmal ausgesprochener Hass. Das Leben wird unsicherer.

Nicht nur die wechselseitigen Abhängigkeiten nehmen zu. In einer Welt, die gleichzeitig in mehreren Sackgassen steckt, werden die Konflikte schärfer. Der starke Wunsch nach Abgrenzung gewinnt wieder an Bedeutung. Abermals greift die letztlich destruktive Logik von Abschreckung, Drohung und Gegendrohung Raum – Nation gegen Nation, Staat gegen Staat. 1,67 Billionen US-Dollar flossen 2015 weltweit ins Militär, 1 Prozent mehr als im Jahr zuvor, so das Stockholm International Peace Research Institute (Sipri).[34]

Vor allem zwei Weltgegenden waren verantwortlich für diesen Anstieg: Südostasien und die arabischen Staaten. In beiden Regionen stellten die Forscher ein beschleunigtes Wettrüsten fest. China und seine Nachbarn steigerten 2015 ihre Militärausgaben um mehr als 5 Prozent gegenüber 2014. Während Peking eine groß angelegte Modernisierung seiner Streitkräfte betreibt, rüsten Länder wie Indien und Vietnam nach und kaufen Waffen in bislang nicht gesehenen Größenordnungen. Ihr Ziel: Chinas Aufstieg zur regionalen Hegemonialmacht eigene Schlagkraft entgegensetzen zu können. Die Philippinen steigerten ihre Ausgaben um 25 Prozent, Indonesien um 16 Prozent. Ebenso Japan: Der Inselstaat gibt nach Jahren der Kürzungen wieder mehr für sein Militär aus. Zwischen 2006 und 2015 stiegen die Ausgaben in der Region insgesamt um zwei Drittel. Im Nahen Osten, wo Saudi Arabien und Iran um die Vorherrschaft ringen, gaben die Regierungen 4 Prozent 2015 mehr aus als 2014. Die Führung in Riad ist inzwischen der drittgrößte Waffenkäufer weltweit. Auch Russland, obwohl wirtschaftlich hart getroffen von Verfall des Ölpreises und von westlichen Sanktionen, kaufte noch mehr Waffen.[35]

Die Europäer nehmen von all dem wenig wahr. Viel zu lange haben sie sich auf den Schutz durch amerikanische Arsenale verlassen, insbesondere wenn es um Osteuropa geht, wo seit der Annektierung der Krim die Angst vor russischer Expansion umgeht. Dass die USA wenig Lust verspüren, weiterhin die Hauptlast der NATO-Verteidigung zu tragen, nehmen die Europäer nun verängstigt zur Kenntnis. Statt ihre begrenzten Mittel zur einer echten gemeinsamen Armee zu vereinen – ein Projekt übrigens, das in der Bevölkerung der 28 Mitgliedstaaten von einer Mehrheit unterstützt wird[36] –, steigern sie, wenn es die finanzielle Situation erlaubt, wieder ihre nationalen Verteidigungsbudgets. Jedem Staat seine Armee – so war es, und so soll es bleiben. Selbst wenn's ineffektiv und teuer ist.

Auch in Fragen der inneren Sicherheit ist sich in Europa jedes Land selbst genug – manchmal mit tödlichen Folgen. Nur fallweise tauschen Sicherheitsdienste Informationen aus. Obwohl sich Menschen innerhalb der EU-Staaten, die dem Schengen-Raum angehören, frei bewegen dürfen, gibt es keine zentralen Kriminalitätsbekämpfer, kein europäisches FBI, sondern nur ein vielgestaltiges und häufig löchriges Netz von nationalen Behörden. Wie unzuverlässig diese Zusammenarbeit ist, ließ sich nachvollziehen am Fall des Terroristen Ibrahim El Bakraoui, der im Frühjahr 2016 eine Kofferbombe auf dem Brüsseler Flughafen zündete. Bereits acht Monate vor der Tat war der Attentäter aus den Reihen des »Islamischen Staats« von der türkischen Polizei nahe der syrischen Grenze festgenommen worden. Da Bakraoui belgischer Staatsbürger war, unterrichteten die türkischen Behörden das zuständige Konsulat, dass er nach Belgien abgeschoben werden solle. In den Monaten nach seiner Ankunft fiel er dann Sicherheitsdiensten in verschiedenen europäischen Ländern auf. Sie ließen seinen Namen durch ihre nationalen Terroristendatenbanken laufen. Doch dort tauchte er nicht auf. Dabei führte ihn sogar das amerikanische FBI als Terrorverdächtigen.[37]

Der Fall zeigt: Trotz massiv gestiegener Terrorgefahr, die die Anschläge von Brüssel, Paris und anderswo den Europäern vor Augen geführt haben, trotz aller Reden von Solidarität und vom Willen zu gemeinsamem Vorgehen, überwiegt das Nationale das Gemeinsame. Es mangelt an einheitlichen Regeln, einheitlichen Institutionen und teilweise schlicht am Vertrauen, das es braucht, um sensible Informationen unter Partnerstaaten zu teilen. Wie so vieles in Europa ist eine verbesserte Sicherheitszusammenarbeit ein Bauprojekt mit lückenhaftem Bauplan.

Die gewalttätige Globalisierung

Eigentlich hatten wir uns die Globalisierung anders vorgestellt.[38] Eigentlich sollte der immer intensivere Austausch von Waren und Ideen zur Befriedung der Welt führen. Es war eine der großen Hoffnungen, die mit der Grenzöffnung einherging: Die ökonomische Verflechtung – und, damit verbunden, die Ausbreitung der Demokratie – würden Krieg und Gewalt zurückdrängen. Wenn Gesellschaften miteinander in intensiven Austausch treten, so die gängige Logik, dann würden sie immer stärker voneinander abhängig. Das wechselseitige Verständnis steige, Verständigung werde leichter, die Austragung von Konflikten zivilisierter.

Tatsächlich erleben wir das Gegenteil. Es gibt heute deutlich mehr bewaffnete Konflikte zwischen Staaten, vor allem aber innerhalb von Staaten, als in den fünfziger und sechziger Jahren. Parallel zur Intensivierung des Handels in den siebziger und achtziger Jahren stieg die Zahl der Auseinandersetzungen. Um 1990 – als sich binnen weniger Jahre der Eiserne Vorhang hob und rund um den Globus viele Länder ihre Grenzen öffneten – war die Welt gewalttätiger als jemals zuvor seit Ende des Zweiten Weltkriegs. Seither verharrt die Zahl der Kriege und Bürgerkriege auf hohem Niveau, wie das Institut für Friedens- und Konfliktforschung an der Universität Uppsala ermittelt hat.[39] Ein bemerkenswerter Befund. Offenkundig führt die Globalisierung keineswegs zum Frieden, jedenfalls nicht automatisch.

In der Zeit des Kalten Krieges war die Welt ein stabilerer Ort. Die Hegemonialmächte USA und UdSSR sorgten für relative Ruhe innerhalb ihrer jeweiligen Machtbereiche. Militärische Konflikte waren weitgehend auf Stellvertreterkriege in der damaligen Dritten Welt beschränkt. Für Unruhe sorgten Terroristen wie die Rote Armee Fraktion. Bereits sie griffen auf auswärtige Kontakte zurück, etwa auf Hilfe durch die palästinensische PLO. Aber die internationale Zusammenarbeit der Terroristen blieb begrenzt. Inzwischen ist die Welt zusammengewachsen: offene Grenzen, offene Wirtschaft, Migrationsströme. Die Supermächte sind verschwunden. Die USA sind mit der Rolle als Weltpolizist überfordert. An die Stelle der, teils brutal durchgesetzten, hegemonialen Vorherrschaft ist ein Ringen um regionale Vormacht getreten. Eine Kette von *failed states* – zusammengebrochener Staatswesen – zieht sich vom nördlichen Afrika bis zum Hindukusch: Libyen, Syrien, Somalia, Irak, Afghanistan … Terrororganisationen wie IS, Al Qaida und Boko Haram, die als dunkle Mächte der Globalisierung operieren – und die sich souverän moderner technischer und finanzieller Möglichkeiten bedienen –, sind dabei, immer weitere Länder zu destabilisieren. Das rasche Bevölkerungswachstum in den entsprechenden Regionen spielt ihnen in die Hände: Wo es viele junge Leute – insbesondere: junge Männer – gibt, die um ihre wirtschaftliche Existenz und ihren Platz im Leben ringen, wird die Lage unruhig. Dies umso mehr in Regionen, in denen sich die Menschen als Verlierer der Globalisierung fühlen und/

oder wo der Klimawandel die Lebensbedingungen verschlechtert. Aggressivität und Gewaltbereitschaft sorgen für gesellschaftliche Unruhe, die sich wiederum destruktiv ausbeuten lässt.

Staatsgrenzen? Spielen für den modernen Terrorismus keine Rolle.

Trotz dieser Herausforderungen dominiert nationales Denken und Handeln die Reaktion des Westens. Ein gefährlicher Anachronismus.

Die nächste Schwelle

Die Menschheit, meint der Historiker Ian Morris, sei an einer Weggabelung angelangt. Entweder ihr gelinge der Durchbruch zu völlig neuen Stufen der Zusammenarbeit – oder sie laufe Gefahr, in den kollektiven Untergang zu trudeln. Morris, ein in Stanford (USA) lehrender Brite, ist eigentlich Optimist. Für sein Buch *Why the West rules* (deutsche Ausgabe: *Wer regiert die Welt?*) hat er 16.000 Jahre Menschheitsgeschichte analysiert und einen Index der menschlichen Entwicklung erarbeitet.[40] Dabei herausgekommen ist eine Kurve, die über sehr lange Zeiträume nur ganz leicht nach oben zeigt, manchmal auch abknickt, dann aber im 19. und 20. Jahrhundert immer schneller ansteigt – ein dramatischer Entwicklungssprung. So könne es durchaus weitergehen, meint Morris. Aber nicht automatisch. Denn weiterer Fortschritt sei keineswegs selbstverständlich, es könne zu katastrophalen Rückschlägen kommen, analog zum Untergang des Römischen Imperiums, als eine Jahrhunderte während Epoche des Verfalls einsetzte – dieses Mal allerdings mit ungleich größerer Zerstörungskraft.

In den kommenden Jahrzehnten bleibe die Lage kritisch, sagt Morris. Immer wenn die Menschheit sich zu einer neuen Entwicklungsstufe aufmache, müsse man mit massiven Verwerfungen rechnen. Die größten Probleme? »Gleiche Zugangs- und Nutzungsrechte. Manche Regionen der Welt können schon heute Technologien nutzen, die anderen noch verwehrt bleiben. Außerdem: Die großen Technologiesprünge in der Geschichte der Menschheit – Ackerbau und Viehzucht, Eisenverhüttung, Feuerwaffen – haben meistens nicht im ersten Anlauf geklappt.« Man müsse sich deshalb auf einiges gefasst machen. »Auf tödliche Pandemien, die sich durch den Flugverkehr in Windeseile ausbreiten. Auf massive Migrationen, die durch Hungersnöte ausgelöst werden, die wiederum auf die Folgen des Klimawandels zurückgehen. Auf einen Atomkrieg. Wenn es nicht gelingen sollte, die Folgen des Fortschritts durch neue, schlagkräftige Institutionen zu lindern, dann kann die Menschheit sehr schmerzhafte Rückschläge erleiden.«

Morris sieht nur eine Lösung: weiträumigere Strukturen. »Die Problemlösungskompetenz geht weg von den Nationalstaaten, hin zu größeren Institutionen wie den Vereinten Nationen, der Europäischen Union.« Gerade die EU findet der britische Historiker vorbildlich. In der Geschichte gebe es nur »sehr wenige Beispiele, bei denen sich Nationen unter größeren Organisationen zusammentun, ohne dass zuvor ein Krieg geführt wurde.« Immerhin sei die EU im Zuge der Eurokrise nicht auseinandergebrochen. »Wir sollten bescheidener sein in unseren Urteilen zur Krisenbewältigung, sollten nicht die ganz große Lösung sofort erwarten. Ich sehe die EU als Vorbild für den Rest der Welt. Gerade weil wir solche Institutionen in einer Welt des beschleunigten Fortschritts brauchen.«

Die Zitate stammen aus einem Interview, das ein Kollege und ich 2013 mit ihm führten[41] – drei Jahre bevor seine britische Heimat für den Austritt aus der EU stimmte. Was zeigt, wie sehr sich die Welt in Richtung Morris' Krisenszenario bewegt. Aus rationaler Perspektive hat Morris recht: Großräumige Probleme müssen von großräumigen Institutionen bearbeitet werden. Aber bei ganz großen politischen Fragen geht es selten um reine Vernunft. Nicht das rationale Kalkül fällt dann Entscheidungen, sondern Gefühle. Und die sind manchmal schwer zu steuern.

Selbstzufrieden und selbstgerecht:
ein Blick auf die Deutschen

Bevor die folgenden Kapitel die Ursachen der Renationalisierung näher untersuchen, an dieser Stelle ein schneller Blick auf die Deutschen und ihre Debatten. In der Republik Angela Merkels haben die Bundesbürger einen Zustand der Sedierung in Selbstzufriedenheit erreicht. Getreu dem Motto des Dale-Carnegie-Klassikers *Sorge Dich nicht, lebe!* hat die Kanzlerin sich erfolgreich darum bemüht, den Bürgern das Gefühl zu vermitteln, sie kümmere sich um die großen Probleme, damit jeder Einzelne sich aufs Private konzentrieren kann. Eine systematische Entpolitisierung. Bis zur Flüchtlingskrise von 2015 war sie mit dieser Strategie ziemlich erfolgreich. Es geht nicht mehr um große Zukunftsentwürfe, um Kursbestimmungen oder gar Visionen. Immer stehen nur die nächsten Schritte an in einer unendlichen Abfolge anderer kleinen Schritte, jeder für sich eine technokratische Notwendigkeit, »alternativlos«, um ein Schlüsselwort Merkelscher Rhetorik zu benutzen. Die anderen Parteien – zumal SPD und Grüne – spielen das Spiel mit. Entsprechend beschränkt sich Politik in Deutschland auf einen ermüdenden Diskurs um regulatorische Detailfragen, nicht aber um große Weichenstellungen. Intellektuell ausgezehrt, selbstbezogen und weithin wirkungslos schlängelt sich die Debatte um die großen Fragen herum.

Die ordnende Führungsrolle, die Europa zugleich erwartet und befürchtet, kann Deutschland so nicht ausfüllen.

Wir sind die Guten – das ist das Selbstbild der Bundesbürger. Deutschland ist ein konstruktiver Faktor in der Welt. Wir bemühen uns nach Kräften um die europäische Einigung, aber scheitern regelmäßig an den anderen – am Souveränitätsanspruch der Franzosen, am Reformunwillen der Griechen, am Neunationalismus der Polen, am Ungeschick der EU-Kommission. Wir treten ein für Frieden und Freiheit in der Welt. Wir reden über die Beschränkung von Waffenexporten. Wir kümmern wir uns um die Armen und Verfolgten und nehmen deshalb mehr Flüchtlinge auf als jedes andere westliche Land. Vorbildlich sind wir auch beim Klima- und sonstigen Umweltschutz. Den anderen machen wir vor, wie man nebenher noch aus der Atomenergie aussteigt. Natürlich fährt Deutschland auch die beste aller möglichen Wirtschaftspolitiken: exportiert wie ein Weltmeister, spart, was das Zeug hält, produziert, was die Fabriken hergeben – während der Rest der Welt immer höhere Schulden auftürmt. Soweit die vorherrschende Deutschland-Erzählung.

Das Gutsein gehört zur deutschen Nachkriegsidentität. Nach der Schuld, die die Deutschen im Nationalsozialismus auf sich geladen hatten, wollten die Nachkriegsgenerationen alles richtig machen: schonungslos die eigene Schuld aufarbeiten und sich dann nicht noch einmal schuldig machen, nicht an unseren Nachbarn, nicht an nachkommenden Generationen, nicht an der Natur – das wurde zu einem Leitmotiv des (west-)deutschen Diskurses. Eine verständliche und sympathische Haltung. Aber das von moralischem Impetus gefärbte Selbstbild überstrahlt zuweilen die inneren Widersprüche, Fehler und Unzulänglichkeiten deutscher Politik. Das unbedingte Streben, auf der richtigen Seite stehen zu wollen, macht blind für Nebenwirkungen, taub für die Deutungen der anderen und stumm für intellektuell anspruchsvolle Argumente.

Tatsächlich hat unter Angela Merkel eine schleichende Renationalisierung der Politik stattgefunden. Nicht breitbeinig, nicht dröhnend. Aber doch mit gewisser Entschlossenheit. In der Eurokrise haben die Kanzlerin und Finanzminister Wolfgang Schäuble darauf gepocht, dass jeder Mitgliedstaat für sich seine Wettbewerbsfähigkeit wiedererlangt, damit er seine Schulden selbst abzahlen kann. Statt eines entschlossenen Ausbaus der Eurozone mit effektiven Institutionen, ohne die kein Währungsraum der Welt auf Dauer auskommt, haben sie auf Regeln, Überwachung und Sanktionen gesetzt (dazu mehr in Kapitel 5). Die Rolle der EU-Kommission wurde zurückgedrängt, das Sagen bekamen wieder die nationalen Regierungen, die in der Eurogruppe zusammensitzen. Die wichtigste neue Institution ist der Euro-Rettungsschirm ESM, ein Kriseninterventionsfonds, der keine EU-Institution ist, sondern ein Vehikel der Euro-Mitgliedstaaten. Die EU-Kommission ist dabei außen vor, ebenso das europäische Parlament. Dass Merkel mit einer Grundlinie deutscher Außenpolitik seit Konrad Adenauer gebrochen, dass sie einen fundamentalen Kurswechsel vollzogen hat, der erhebliche Folgewirkungen haben dürfte, wurde in Deutschland nicht mal ernsthaft diskutiert. Dass Deutschland, die »zögernde Hegemonialmacht« (*The Economist*), den Partnern keine Lösungen anbot, keine gemeinsamen Visionen, sondern nur eiserne Ausgabenkürzungen verordnete – mit absehbaren sozialen und politischen Folgewirkungen, die später die Zerrüttung der EU befördern sollten –, war kein Thema.

Der nächste deutsche Alleingang kam 2011. Ohne sich mit den Partnern abzustimmen, vollzog Merkels Regierung nach der Katastrophe von Fukushima eine 180-Grad-Wende ihres energiepolitischen Kurses. Aus der Atomkraftbefürworterin wurde binnen weniger Tage eine Anti-AKW-Vorkämpferin. Die deutschen Kraftwerke sollten frühzeitig abgeschaltet, zugleich erneuerbare Energien massiv ausgebaut werden. Eine rein nationale Entscheidung. Eingehende Abstimmungen mit den europäischen Partnern und der EU-Kommission, wo der Deutsche Günther Oettinger damals die gemeinsame Energiepolitik verantwortete, fanden nicht statt. Allerdings bekamen die Partner die Folgen zu spüren: Das deutsche Stromangebot begann stärker zu schwanken, weil der Anteil von Wind und Solar stieg. An sonnigen Sommertagen mit steifer Brise kam es nun immer wieder zu Überlasten im deutschen Netz, die in die Nachbarländer hinüberschwappten und die Abschaltung dortiger Kraftwerke erzwangen. Benachbarte Netzbetreiber reagierten mit Gegenmaßnahmen.

Zeitweise war von einem Stromkrieg die Rede. Nebenwirkungen, die in Deutschland kaum je offen thematisiert wurden. Raus aus dem Atom, rein in die Erneuerbaren – das war und ist hochgradig populär. Entsprechend regte es auch kaum jemanden auf, dass der Ausstoß von Klimagasen stieg, weil statt AKWs nun verstärkt kohlendioxidintensive Braunkohlekraftwerke Billigstrom für die Grundlast produzierten. Das vorzeitige Abschalten der Kernkraftwerke stiftet das Gefühl, das Richtige zu tun. Zwar wird Deutschland dadurch kaum sicherer; schließlich laufen jenseits der Grenzen nach wie vor zig Reaktoren. Aber für die Risiken müssen wir nicht mehr die Verantwortung übernehmen. Wenn sich die deutsche Klimabilanz verschlechtert, weil nun mehr Billigstrom in Braunkohlekraftwerken produziert wird, übersehen wir das geflissentlich. Die gestiegenen Kosten für den Aufbau erneuerbarer Überkapazitäten, die die Bürger in Form höherer Netzgebühren tragen müssen, zahlen wir klaglos. Rational – und viel billiger – wäre es gewesen, sich für den raschen Ausbau eines EU-Energiebinnenmarktes samt einheitlicher Netzinfrastruktur stark zu machen. Aber populärer ist der nationale Alleingang aus moralisch hochmütiger Position.

Auch in der Flüchtlingspolitik verfolgte die Regierung Merkel knallharte nationale Interessenpolitik. Zunächst ließ sie die Südländer, in erster Linie Italien und Griechenland, jahrelang allein. Dass diese die Hauptlast der ankommenden Migranten aus dem Nahen Osten und aus Afrika zu tragen hatten, nahm Deutschland zur Kenntnis, erklärte sich aber für nicht zuständig. Schließlich gelte das Dublin-Abkommen, das die Erstaufnahmeländer in die Pflicht nahm. Dann folgte die nächste Kehrtwende: Angespornt durch die anfängliche deutsche Flüchtlingsbegeisterung und die dramatischen Fernsehbilder aus den Balkanstaaten ließ Merkel im Sommer 2015 die deutschen Grenzen öffnen. Im Alleingang und ohne Rücksprache mit den EU-Partnern oder der Kommission hebelte sie das Dublin-Abkommen der EU faktisch aus. Womöglich ein notwendiger Akt, um eine humanitäre Katastrophe zu verhindern. Aber die Rückwirkungen waren enorm: Innerhalb der EU stand Deutschland plötzlich allein, forderte nun lautstark jene Solidarität ein, die Berlin den Partnern zuvor in der Schuldenkrise versagt hatte und drohte aufnahmeunwilligen Ländern mit Finanzsanktionen. Schließlich fädelte Merkel, abermals im Alleingang, einen Deal mit der Türkei ein, die ihre Westgrenze dichtmachen und Flüchtlinge zurücknehmen sollte. Dafür ist die deutsche Kanzlerin nun wirklich nicht zuständig; die Partner akzeptierten den Vorstoß zähneknirschend. Statt europäisches Leadership zu zeigen, mit langem Atem eine gemeinsame Flüchtlingspolitik anzuregen und mit großzügigen finanziellen Anreizen auszustatten, entschied sich Merkel für situationsgetriebene Alleingänge. Damit sind die Probleme zwar nicht auf Dauer gelöst. Aber immerhin wähnte sich die deutsche Öffentlichkeit dort, wo sie sich am wohlsten fühlt: auf der Seite des Guten.

Euro, Atom, Flüchtlinge – drei Beispiele für die neue deutsche Weltvergessenheit. Moralisch vermeintlich richtige Positionen führen manchmal zum Gegenteil des Vernünftigen. Doch es ficht uns nicht an. Wir nehmen es nicht mal als Problem wahr.

Das ist tragisch. Deutschland kommt eine entscheidende Rolle dabei zu, die Welt aus den Sackgassen zu führen. Wer aber vor allem mit sich selbst beschäftigt ist und sich nicht ernsthaft mit der breiteren Realität da draußen in der Welt befasst, dem fehlt das intellektuelle Reservoir, um international produktiv Führung übernehmen zu können.

Für die Bundesbürger schien in den vergangenen Jahren die Welt ziemlich in Ordnung. Nirgends in Europa hielten so viele Menschen die wirtschaftliche Lage für gut wie in Deutschland. Bemerkenswerte 89 Prozent der Bundesbürger sind mit ihrem persönlichen Leben zufrieden. Die Bundesrepublik – ein glückliches Land. Dieses Bild lässt sich aus den Ergebnissen der Eurobarometer-Umfragen herauslesen.

Unter der behaglichen Oberfläche kommt satte Selbstzufriedenheit zum Vorschein. Lieber keine Veränderungen, bloß keine Experimente, lieber alles lassen, wie es ist, lieber international keine Verantwortung übernehmen, weder militärisch noch politisch. So erklärt sich auch die neue deutsche Globalisierungsskepsis und die Ablehnung der transatlantischen Handelsabkommen (siehe oben).

Dabei wird das Ringen um Wohlstand künftig härter. Denn der wichtigste Treiber des seit 2006 andauernden zweiten deutschen Wirtschaftswunders verliert seine Kraft: Der Boom der Schwellenländer ist vorerst zu Ende, die Globalisierung droht in handelspolitischen Scharmützeln unter die Räder zu kommen. Veränderungen einfach bräsig abzulehnen und Probleme auszusitzen, ist keine Option. Die Bundesrepublik wird weiterhin nur prosperieren können, wenn sie aktiv daran mitwirkt, Europa zu stabilisieren, und hilft, Wege aus den globalen Sackgassen zu bahnen. Gefordert sind Offenheit und Experimentierfreude – gesellschaftlich, technisch, politisch, kulturell, wirtschaftlich. Wer sich hingegen globalisierungssatt in der Komfortzone einkuschelt, lebt gefährlich.

2. DIE GLOBALISIERUNG SCHAFFT SICH AB

Von Peking bis Pegida: Warum die Neonationalisten auf dem Vormarsch sind

Manchmal erhellt der Blick in die Vergangenheit den Blick nach vorn. Beginnen wir also mit eine Rückblende:

Es war das goldene Zeitalter der Sicherheit. (...) Jeder wusste, wieviel er besaß oder wieviel ihm zukam, was erlaubt und was verboten war. (...) Wer ein Vermögen besaß, konnte genau errechnen, wieviel an Zinsen es jährlich zubrachte (...). Niemand glaubte an Kriege, an Revolutionen und Umstürze. Alles Radikale, alles Gewaltsame schien bereits unmöglich in einem Zeitalter der Vernunft. (...) Das neunzehnte Jahrhundert war in seinem liberalistischen Idealismus ehrlich überzeugt, auf dem geraden und unfehlbaren Weg zur ›besten aller Welten‹ zu sein. Mit Verachtung blickte man auf die früheren Epochen mit ihren Kriegen, Hungersnöten und Revolten herab als auf eine Zeit, da die Menschen eben noch unmündig und nicht genug aufgeklärt gewesen.[42]

So beginnt Stefan Zweig seine Lebenserinnerungen *Die Welt von Gestern*, erschienen 1944. Es ist die fassungslose Bestandsaufnahme eines Mannes, der einst ins europäische Bürgertum hineingeboren worden war, dessen Leben dann aber in die Mühlen der Weltgeschichte geriet: Die offene, stabile Welt des späten 19. und frühen 20. Jahrhunderts endet abrupt mit dem Ausbruch des Ersten Weltkriegs. Darauf folgen der Zerfall von Staaten und vielerorts der zivilen Ordnung, der moralischen und materiellen Werte, ein Abgleiten in Nationalismus, Hyperinflation, Antisemitismus, schließlich totaler Krieg und Holocaust. Jahrzehnte des Chaos, des Kampfes und des Massenmords. Zweig, der sich als

Heranwachsender seiner jüdischen Wurzeln kaum bewusst war, verliert seine Existenz, seine Heimat, muss um sein Leben fürchten – wegen ebenjener jüdischen Herkunft. Der Schriftsteller wird zum Flüchtenden. Das »Zeitalter der Vernunft« weicht einer Ära der Barbarei.

Zweigs sehr persönlicher Blick zurück auf *Die Welt von Gestern* zeigt eindrucksvoll, wie wenig verlässlich die Bedingungen sind, die Menschen gemeinhin als unumstößlich stabil wahrnehmen. Die Umstände, unter denen sie sich angewöhnt haben, ihr Leben zu führen und ihre Zukunft zu planen, können sich radikal ändern. Menschen neigen offenkundig dazu, Alarmsignale zu übersehen und die Annehmlichkeiten der Gegenwart in die Zukunft zu projizieren.

Wer Zweigs Buch heute liest, kommt nicht umhin, die Gegenwart mit anderen Augen zu sehen. Der Autor beschreibt eine Ära, die Wirtschaftshistoriker heute als erste Globalisierung bezeichnen: die Phase von Mitte des 19. Jahrhunderts bis zum Ausbruch des Ersten Weltkriegs, als sich die Märkte in Europa und in Amerika öffneten, als neue Technologien Produktion, Transport und Kommunikation revolutionierten, als Migration über alle Grenzen hinweg möglich wurde. Gebaut war diese Welt auf eine stabile internationale Ordnung, in der das Konzert der großen Mächte den Frieden sicherte (und die Kolonialreiche für billigen Rohstoffnachschub sorgten) und in der ein liberaler Konsens die Wirtschaftspolitik bestimmte. Doch dann begannen sich die Krisensymptome zu verdichten. Sie ergaben noch kein klares Bild, heraufziehende Gefahren blieben zunächst unerkannt.

Unheil lag in der Luft. Bereits im letzten Drittel des 19. Jahrhunderts hatte ein neues globalisierungskritisches Gegen-Narrativ Raum gegriffen, das behauptete, die offene Weltordnung gehe mit einem Wandel zum Schlechteren einher, mit moralischer Verderbtheit und Sünde. Protektionismus und Abschottung sollten Heilung bringen durch die Reinheit der nationalen Kultur.[43] Parallel dazu wurde die damalige westliche Supermacht, das britische Empire, herausgefordert von einer neuen, autoritär geführten Großmacht, dem Deutschen Reich. Ökonomisch und militärisch wollten die Deutschen gleichziehen, es entspann sich ein Wettrüsten zwischen Kaiser Wilhelm II. und seinen englischen Verwandten. Dennoch glaubte noch kurz vor Ausbruch des Krieges im August 1914 kaum jemand, dass es so weit kommen könnte. Und als der Krieg dann da war, gingen viele davon aus, er werde Weihnachten schon wieder vorbei sein.

Bei Kriegsende 1918 hatte längst eine neue Epoche begonnen. Die erste Globalisierung des späten 19. Jahrhunderts war unwiederbringlich vorbei. John Maynard Keynes war das bereits zu einem sehr frühen Zeitpunkt klar. Der britische Ökonom, gerade zurück von den Versailler Friedensverhandlungen, schaute bereits 1919 mit einer Mischung aus Verwunderung und Wehmut auf die Vorkriegszeit zurück. »Welch außergewöhnliche Episode des ökonomischen Fortschritts« die Jahrzehnte vor Kriegsausbruch doch gewesen seien, schwärmte er in seiner Schrift *Die wirtschaftlichen Folgen des Friedensvertrages*. Die einfachen Leute hätten zwar hart arbeiten müssen, aber sie seien doch mit ihrem Schicksal ziemlich zufrieden gewesen, zumal sich die Möglichkeit zum Aufstieg in die Mittel- und Oberschicht eröffnet habe, für die das Leben »Bequemlichkeit, Komforts und Annehmlichkeiten« geboten habe, »jenseits des Erreichbaren für die reichsten und mächtigsten Monarchen anderer Zeitalter«.[44] Es seien sehr spezielle und fragile Bedingungen gewesen, die diese historisch außergewöhnliche Entwicklung ermöglicht hätten. Nichts, auf das man hätte bauen können.[45]

Doch schlafwandlerisch[46] vertrauten Bürger, Staatenlenker und Unternehmer 1914 darauf, dass die stabilen Bedingungen der Gegenwart auch in der Zukunft gelten würden. Dabei ist die Geschichte durchzogen von schweren Rückschlägen. Phasen ökonomischer und gesellschaftlicher Offenheit enden in der Regel irgendwann. Dann folgt eine Ära der Abschottung, der Unordnung und Instabilität und, wenn es ganz schlecht läuft, der Gewalt. Es gibt keinen Automatismus hin zu Fortschritt, Frieden und Wohlstand, keinen »geraden und unfehlbaren Weg«, wie Zweig formulierte. Allerdings folgt auch nicht notwendig ein Abgleiten in Krieg und Chaos. Wenn es gut läuft, macht die Geschichte nur eine Verschnaufpause, sie verharrt auf einem Sattelpunkt, um dann einen Anlauf zu nehmen zu neuen Höhen.

Harold James, Historiker in Princeton, spricht vom »Globalisierungszyklus«, von einem ewigen Auf und Ab »der Schaffung und der Zerstörung von Werten«.[47] Die liberale Weltordnung des späten 19. Jahrhunderts und ihr Zusammenbruch ab 1914 war keineswegs der erste Umschwung dieser Art. Diverse frühere Phasen der Öffnung lassen sich erkennen, die sämtlich irgendwann ein Ende fanden, woraufhin die Integration mit schmerzhaften Konsequenzen zurückgedreht wurden. Das Römische Imperium, das große Teile Europas, Nordafrikas und des westlichen Asiens umspann, wurde nach und nach morsch und ging endgültig in der Völkerwanderung des 5. Jahrhunderts unter. Im 15. und 16. Jahrhundert genoss Europa eine ökonomische Blüte, die die wirtschaftliche Basis für den kulturellen Aufschwung der Renaissance bot, bis sich der Kontinent in Konfessionskriegen aufrieb. Im 18. Jahrhundert etablierten das britische und das französische Kolonialreich einen regen Austausch über Kontinente hinweg, eine Phase, die in den Siebenjährigen Krieg zwischen den beiden europäischen Großmächten und schließlich in den amerikanischen Unabhängigkeitskrieg mündete. »Es wird häufig angenommen, dass die Globalisierung universellen Frieden schafft, da nur in einer friedlichen Welt Handel und der Austausch von Ideen wirklich florieren können«, schreibt James. »Aber in der Praxis führt die Globalisierung von Gütern und Kapital und Menschen oft zu einer Globalisierung der Gewalt.«[48]

Heute mehren sich erneut Anzeichen eines Wandels zum

Schlechteren. Rund um den Erdball dröhnt ein neuer, dumpfer Generalbass. Dieses Kapitel spürt den Ursachen nach: Welche Mechanismen sind da am Werk? Wohin führen sie? Die zentrale Frage ist, ob und wie sich ein abermaliger historischer Rückschlag verhindern lässt. Denn so grausam die Weltkriege des 20. Jahrhunderts und ihre Folgen waren: Ein Abgleiten in die Barbarei hätte heute ungleich schwerwiegendere Auswirkungen, wie in Kapitel 1 gezeigt. Zu eng verflochten sind die Gesellschaften heute. Zu groß sind die Zerstörungspotenziale, über die die Siebeneinhalb-Milliarden-Kopf-starke Menschheit verfügt.

EINE KURZE GESCHICHTE DER JÜNGSTEN VERGANGENHEIT

Auf der Suche nach Warnsignalen der Gegenwart lohnt es sich, die Entwicklung des vergangenen Vierteljahrhunderts kurz Revue passieren lassen. Drei Phasen sind erkennbar.

In den neunziger Jahren, als die Mauer gefallen war und der Kommunismus zusammengebrochen, wähnte sich der Westen am Beginn einer endlosen Epoche des Friedens und Wohlstands. »Das Ende der Geschichte« sei gekommen, behauptete der US-Gelehrte Francis Fukuyama; von nun an würden Demokratie und Marktwirtschaft alle Gegensätze und Widersprüche auf dem Globus auf zivilisierte Art ausgleichen. Und er schien recht zu behalten: Es begann eine Bewegung, die alle Kontinente erfasste – Märkte wurden geöffnet, Freiheitsrechte gewährt, Wahlen erlaubt. Gegen Ende des Jahrzehnts schien sich gar ein neues Wirtschaftwunder zu vollziehen, eine internetgetriebene »New Economy«, die fortwährende Produktivitätssprünge und ungeahnte Möglichkeiten eröffnen sollte.

In den 2000er Jahren bekam das rosige liberale Weltbild Risse. Die al-Qaida-Anschläge vom 11. September 2001 waren ein weithin sichtbares Fanal: Selbst die USA, bis dahin unangefochtene Supermacht des Westens, waren nicht mehr unangreifbar. Was die Wirtschaftsordnung anging, so tauchten neue Elemente auf, die nicht so recht ins Bild passten: Eine neue Form des Staatskapitalismus forderte den Westen heraus. Chinesische Industriekonglomerate, russische Gasriesen und arabische Staatsfonds schwangen sich mit Unterstützung ihrer Regierungen zu globalen Spielern auf. Die aufstrebenden Schwellenländer, die einen immer größeren Anteil am Weltsozialprodukt erwirtschafteten, folgten keineswegs eins zu eins dem marktwirtschaftlichen Ideal. Noch wurden die Gegensätze überdeckt durch einen beispiellosen globalen Boom. Die Wirtschaft wuchs rapide, Lebensstandards stiegen, Blasen blähten sich – bis zum Crash von 2008, der, wenigstens im Westen, eine schleichende Identitätskrise auslöste.

Im zweiten Jahrzehnt des 21. Jahrhunderts zeigen sich Auflösungserscheinungen der globalisierten Ordnung. Ab 2010 erschütterte die Eurokrise die EU, ein Auseinanderbrechen des zweitgrößten Währungsraums der Welt wurde zur realen Möglichkeit. Teile Europas, insbesondere Griechenland und Italien, durchlitten heftige Wohlstandsverluste. Ab 2013 gingen auch in den Schwellenländern die Wachstumsraten zurück. Länder wie Brasilien und Russland rutschten in tiefe Wirtschaftskrisen. In den Bevölkerungen breitete sich Unzufriedenheit aus. Umfragen zeigen, dass in den westlichen Ländern das Vertrauen in Regierungen und Parlamente schrumpfte. In vielen Schwellenländern, in China, Russland oder der Türkei, wurden Freiheitsrechte beschnitten und die Pressefreiheit faktisch abgeschafft. Von Peking bis Pegida gewannen Neonationalisten Zulauf. Zwischen den Nationen nahmen die Animositäten zu. Eine neue Form des globalisierten Kriegs breitete sich aus, exportiert von den Terroristen des »Islamischen Staats«. Ab 2016 beschleunigten sich die Zerfallsprozesse merklich: Brexit-Referendum in Großbritannien, die Wahl des Amerika-zuerst-Populisten Donald Trump zum US-Präsidenten, Putsch und Gegenputsch von oben in der Türkei, Anschläge in Frankreich, Belgien, Deutschland.

Auf die zunächst verheißungsvolle Öffnung der Wirtschaft folgt nun eine globale Gegenbewegung. Sie kommt ungesteuert daher, planlos. Aber sie folgt erkennbaren Mustern:

- Der schuldengetriebene Kapitalismus erzeugt gefährliche finanzielle, ökonomische und soziale Ungleichgewichte.
- Das Zusammenspiel von Globalisierung und Demografie führt zu immer größeren Spannungen zwischen den ökonomischen Zentren und der Peripherie.
- Ungleichgewichte und Spannungen schlagen sich politisch nieder. Im Westen schaffen sie den Nährboden für populistische Oppositionspolitiker. In Schwellenländern verleiten sie autoritär regierende starke Männer dazu, die Zügel noch stärker anzuziehen.

BRÖCKELNDER WOHLSTAND –
STRESSTEST FÜR DIE DEMOKRATIE

Über Jahrzehnte wurden die westlichen Marktdemokratien geeint von einem Versprechen: Wohlstand für alle. Was Ludwig Erhard in den fünfziger Jahren den Westdeutschen in Aussicht stellte, ist der Stoff, aus dem die bürgerlichen Träume sind. Die wirtschaftliche Entwicklung produzierte stetige Wohlstandszuwächse, an denen alle Teil hatten. Einige vielleicht etwas mehr als andere, aber im Prinzip bekam jeder seine Chance. Doch dieses Versprechen wird vielerorts nicht mehr eingelöst. Der Anteil der Bevölkerung, dessen Einkommen stagniert oder sogar sinkt, ist erschreckend hoch. Rund zwei Drittel der Bürger in den etablierten westlichen Ländern kamen zwischen 2005 und 2014 nicht mehr in den Genuss von steigenden Markteinkommen, wie das McKinsey Global Institute (MGI), der Thinktank der gleichnamigen Unternehmensberatung, berechnet hat.[49] Und die Aussichten für die Zukunft stimmen keineswegs hoffnungsfroh: Nach MGI-Prognosen könnte dieser Anteil bis 2025 auf 70 bis 80 Prozent steigen, sofern sich das schwache Wirtschaftswachstum fortsetzt. Große Mehrheiten profitieren nicht mehr vom wirtschaftlichen Fortschritt – ein Stresstest für die Demokratie.

Zwar haben staatliche Umverteilungssysteme bislang einiges korrigieren können. Bei den verfügbaren Einkommen (nach Transferzahlungen und progressiven Steuern) ist die Entwicklung nicht ganz so schlecht. Zwischen 2005 und 2014 lag der Anteil derjenigen, die eine Stagnation oder Senkung ihres Wohlstandsniveaus hinnehmen mussten, zwischen 20 bis 25 Prozent. Im Jahrzehnt zuvor waren es lediglich 2 Prozent. Für die Zukunft aber sieht es so aus, als ob sich die Lage weiter verschärft: Bei schwachem Wachstum und angespannten Staatshaushalten werden staatliche Umverteilungsmöglichkeiten an Grenzen stoßen, wovon immer mehr Menschen betroffen sein werden. Eine drastische Eintrübung der individuellen Entfaltungsmöglichkeiten – mit weitreichenden Folgen.

Der MGI-Ansatz hat einen deutlich größeren Erklärungsgehalt als die üblicherweise betrachteten Verteilungsgrößen. Ob das wohlhabendste Zehntel – oder Hundertstel – einer Gesellschaft immer reicher wird, ist den übrigen Bürgern weniger wichtig als die Frage, ob sie selbst, ihre Freunde und Nachbarn ihren Wohlstand halten oder steigern können. Demokratie ist ein System, das auf Mehrheitsentscheidungen basiert. Es funktioniert, solange Mehrheiten das Gefühl haben, Nutznießer des Systems zu sein. Demokratien sind deshalb darauf angewiesen, dass breite Mehrheiten mit den wirtschaftlichen Grundlagen der Gesellschaft zufrieden sind. Ist dies nicht mehr der Fall, droht das Vertrauen in eine gute gemeinsame Zukunft verloren zu gehen. Wenn Mehrheiten erleben, dass sich ihre Lebensumstände über längere Zeiträume nicht mehr verbessern, sondern sich sogar tendenziell verschlechtern, wird die Legitimität des Systems insgesamt ausgehöhlt. Verteilungskämpfe werden schärfer. Schuldige werden gesucht.

Interessanterweise decken sich die MGI-Ergebnisse recht gut mit den Erfolgen populistischer Politiker. Länder, in denen es besonders viele Verlierer gibt, sind tendenziell anfälliger für die Versprechungen der großen Vereinfacher. In Italien beispielsweise – einem Land, das in den neunziger Jahren und am Anfang des 21. Jahrhunderts bereits durch Silvio Berlusconis Trivialpolitik einen Verfall der politischen Kultur erlebt hat und in dem nun Beppe Grillos Fünf-Sterne-Bewegung Wahlsiege feiert – sind annähernd 100 Prozent der Bevölkerung von stagnierenden oder sinkenden verfügbaren Einkommen betroffen. Im Brexit-Land Großbritannien sind es 60 Prozent und in den Niederlanden, wo Geert Wilders die Politik aufmischt, 70 Prozent. In Frankreich, wo der Front National erfolgreich ist, sind 63 Prozent der Bürger von fallenden oder stagnierenden Markteinkommen betroffen (allerdings nur 10 Prozent von bröckelnden verfügbaren Einkommen). Ähnlich ist die Situation in den USA, wo 2016 mit Donald Trump die Karikatur eines Populisten zum Präsident gewählt wurde.[50]

Allerdings, auch das zeigt die MGI-Studie, gibt es Länder, wo die Lage deutlich günstiger ist. Exemplarisch haben die Forscher Schweden herausgegriffen. Dort herrscht bei lediglich 20 Prozent der Bürger Flaute bei den Markteinkommen, und nur 2 Prozent der Schweden sind von sinkenden oder fallenden verfügbaren Einkommen betroffen (Abbildung 5). Auch dort gibt es Rechtspopulisten, aber sie sind vergleichsweise schwach.

Für die Bundesrepublik liegen keine Vergleichszahlen des MGI vor. Allerdings lassen Berechnungen des Deutschen Instituts für Wirtschaftsforschung (DIW) den Schluss zu, dass hierzulande die Entwicklung zwar nicht dramatisch ist, aber stagnierende oder sinkende Einkommen inzwischen ein Massenphänomen sind.[51]

5. Kaum noch Gewinner
Bevölkerung mit stagnierenden oder sinkenden Einkommen zwischen 2005 und 2014, Anteile in Prozent

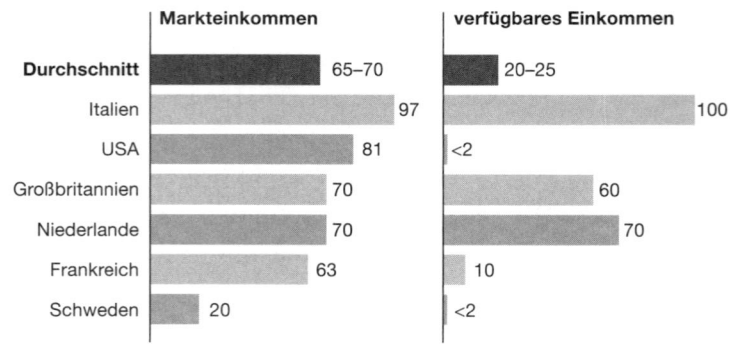

	Markteinkommen	verfügbares Einkommen
Durchschnitt	65–70	20–25
Italien	97	100
USA	81	<2
Großbritannien	70	60
Niederlande	70	70
Frankreich	63	10
Schweden	20	<2

Quelle: McKinsey Global Institute

Eine schleichende Kehrtwende: In den Jahrzehnten zuvor waren die Budgets der westdeutschen Mittelschichten noch ziemlich dynamisch gestiegen: zwischen 1983 und 1991 um 13 Prozent. Nach der Wiedervereinigung fielen die gesamtdeutschen Zuwächse dann bereits schwächer aus: Bis zum Jahr 2000 konnte die Mittelschicht ein Plus von 7 Prozent einfahren. Für die Jahre bis 2013 verzeichnet sie dann ein Minus von 1 Prozent.[52]

Die verfügbaren Medianeinkommen – die Einkommen jener Haushalte in der Mitte der Verteilung – sind in Deutschland zwischen 2002 und 2005 deutlich gesunken: real um 2,5 Prozent. Danach allerdings stiegen sie bis 2009 wieder an; seither stagnieren sie.[53]

Was die Ungleichheit betrifft, so stimmt der Befund einer Polarisierung der Einkommen eindeutig für die erste Hälfte der Nullerjahre. Nach DIW-Berechnungen stieg damals der Gini-Koeffizient, das statistische Maß für den Grad der Ungleichverteilung, merklich an. Auch andere Indikatoren deuten für diese Zeit auf eine Zunahme der Ungleichheit. Vor allem die einkommensschwächsten 10 Prozent traf es in jenen Jahren: Sie verloren zwischen 2000 und 2005 rund 9 Prozent. Das wohlhabendste Zehntel hingegen gewann 13 Prozent. Besonders gravierend: Der Anteil der Bürger, die als armutsgefährdet gelten, stieg im gleichen Zeitraum von 11,5 auf 14 Prozent. Die Einkommen aus Vermögenserträgen (Zinsen, Dividenden) explodierten förmlich: Binnen weniger Jahre stiegen sie um 40 Prozent. Währenddessen bröckelten die Arbeitseinkommen. Es war die Zeit der Fünf-Millionen-Arbeitslosigkeit, der Agenda 2010 – der Tiefpunkt der deutschen Malaise.

Danach jedoch wird das Bild diffuser. Nachdem 2006 die wirtschaftliche Erholung eingesetzt hatte, stiegen die Arbeitseinkommen wieder, seit 2010 sogar spürbar. Bezieher unterer und mittlerer Einkommen holen allmählich auf. Anders als in vergleichbaren Ländern änderte auch die große Rezession von 2009 nichts an diesem Trend. Allerdings: In den vergangenen Jahren waren es wiederum die obersten 10 Prozent, deren Einkommen besonders kräftig stiegen.[54]

Es stimmt schon: Deutschland – wie alle wohlhabenden Staaten – ist heute eine ungleichere Gesellschaft als noch vor zwei Jahrzehnten. Doch die Entwicklung geht nicht nur in eine Richtung. Ein Teil der Verluste aus den Krisenjahren bis 2005 ist inzwischen ausgeglichen. Die allmähliche Einkommenserholung verläuft allerdings so träge, dass sie für die Bürger kaum wahrnehmbar ist. Zudem ist keineswegs sicher, dass die Erholung anhält. Sollte die deutsche Industrie in eine Krise geraten – die unweigerlich irgendwann kommen wird, fraglich ist nur, wann –, dürfte es mit der relativen Ruhe an der Verteilungsfront rasch vorbei sein. Entsprechend heftig könnten sich dann auch in Deutschland gesellschaftliche Spannungen entladen.

Die Wirtschaftspolitik sollte deshalb dringend die tieferliegenden Gründe für die schleichende Wohlstandskonzentration angehen. Die Suche nach Schuldigen und Sündenböcken, im politischen Geschäft beliebt, ist nicht hilfreich. Staatliche Verteilungspolitik allein kann die Verteilungstendenzen, die sich auf Märkten herausbilden, nur begrenzt abfedern: Auch in Ländern mit großen Sozialbudgets wie Schweden ist die Ungleichheit seit den neunziger Jahren gestiegen. Das bedingungslose Grundeinkommen, ein Konzept, das seit einigen Jahren immer mehr Befürworter findet, kann vielleicht in Zeiten unsteter Beschäftigungsverhältnisse die Basisabsicherung verbessern. Mehr Gleichheit wird es kaum schaffen können. Mindestlöhne können Auswüchse auf dem Arbeitsmarkt verhindern. Entfernen sie sich zu weit von der Produktivitätsentwicklung, wie in Frankreich, kosten sie jedoch Jobs. Hohe Steuern auf Einkommen behindern tendenziell die Leistungsbereitschaft, hohe Steuern auf Vermögen tendenziell die Investitionsbereitschaft.

Der Staat kann einiges tun, aber Umverteilungspolitik stößt an Grenzen. Und die werden letztlich von der Wirtschaft gesetzt. Wer ernsthaft das allmähliche Auseinanderdriften der Einkommen bremsen will, sollte sich mit dem dahinter liegenden ökonomischen Grundproblem befassen.

DIE GELDUMWÄLZPUMPE

Über Generationen waren Wohlstandszuwächse in der Breite der Bevölkerung möglich, weil die Beschäftigten pro Stunde immer mehr Wertschöpfung erbrachten – weil ihnen mehr Maschinen, Computer und mehr Wissen zur Verfügung standen. Eigentlich ist der Kapitalismus nämlich eine tolle Sache. Eines seiner Grundprinzipien lautet: Das Geld, das Sparer für die Zukunft zurücklegen, wird Unternehmen zur Verfügung gestellt, die in Geschäfte mit Zukunft investieren. Zwischen Sparern und Unternehmen stehen Banken und Börsen: Dort wird das Geld gebündelt, neu verpackt und dann verliehen. Investitionen in Maschinen, Anlagen und neues Wissen erhöhen die Produktivität der Beschäftigten: Bei gleichem Arbeitseinsatz können sie mehr produzieren.

Dadurch werden höhere Löhne und steigende Lebensstandards möglich. Eine große finanzielle Umwälzpumpe, die Wohlstandszuwächse ermöglicht wie kein anderes real existierendes Wirtschaftssystem.

Leider ist dieses Modell aus dem Ruder gelaufen. Das Produktivitätswachstum geht zurück. In vielen wohlhabenden Ländern nähert es sich der Nulllinie, die Schwellenländer folgen diesem Trend nun (Abbildung 2, Kapitel 1). Die Kapitalausstattung der entwickelten Volkswirtschaften nimmt immer langsamer zu. Ende der neunziger Jahre trug das Wachstum des Kapitalstocks noch doppelt so viel zum Wirtschaftswachstum pro Beschäftigtem bei wie heute. Als die Globalisierung dann richtig Fahrt aufnahm, Anfang der 2000er Jahre, begann die Kapitalbildung im Westen zu lahmen. Im Zuge der Finanzkrise von 2008 und der folgenden großen Rezession ging es dann noch weiter abwärts. Bis heute verharren die Investitionen auf niedrigem Niveau. Die Folge: Im Durchschnitt der OECD-Länder hat sich das trendmäßige Wachstum des Bruttoinlandsprodukts pro Kopf seit Ende der neunziger Jahre halbiert.[55] Die Geldumwälzpumpe produziert immer geringere Wohlstandszuwächse.

Auch in Deutschland, das sich seit 2006 deutlich besser entwickelt hat als vergleichbare Volkswirtschaften ist diese Entwicklung zu beobachten. In kaum einem anderen westlichen Land ist die Investitionsquote (ohne Wohnungsbau) nach OECD-Berechnungen so niedrig. Inzwischen sorgen die schwachen Kapitalausgaben dafür, dass die Produktivität pro Beschäftigtem kaum noch steigt.[56] Deutschlands Wirtschaft wächst, weil mehr Leute arbeiten, nicht weil sie produktiver zu Werke gingen. Aus Zahlen des Statistischen Bundesamts geht hervor, dass Unternehmen hierzulande nur noch rund 6 Prozent des Bruttoinlandsprodukts in neue Ausrüstungen stecken – der niedrigste Wert seit Jahrzehnten, obwohl die Standortbedingungen angeblich so gut sind wie kaum irgendwo auf der Welt.

Bei der Suche nach den großen Mustern, die hinter den Rückschlägen für die Globalisierung stecken, ist dies ein wichtiges Indiz: Quer durch die entwickelten Länder sinken die Investitionsquoten im Trend seit Jahrzehnten. Besonders drastisch ist es seit der Finanzkrise: Inzwischen stagniert die Kapitalbildung quasi; bei lediglich 0,4 Prozent liegt der Zuwachs im Durchschnitt der Jahre 2008 bis 2017, so der Internationale Währungsfonds.[57]

Ein dramatischer Einbruch. Und das in einer Zeit, da die Zinsen so niedrig sind wie nie zuvor. Gelder sind offensichtlich vorhanden. Nur die Geldumwälzpumpe scheint kaputt zu sein.

Warum die Unternehmen so wenig investierten, dafür kursieren verschiedene Erklärungen: Die hohen Schuldenstände spielen eine Rolle; Unternehmen, die unter hohen Verbindlichkeiten ächtzen, haben kaum finanzielle Möglichkeiten, um in den Ausbau von Kapazitäten zu investieren (siehe Kapitel 1). Die schwache Konsumnachfrage, gedämpft durch stagnierende und sinkende Einkommen der Mittelschichten (siehe oben), dämpft die Absatzaussichten – warum soll man die Kapazitäten ausweiten, wenn man doch nicht so viel verkaufen kann? Die Demografie ist ein weiterer Faktor: Wenn der Anteil der Menschen im aktiven Alter zurückgeht, während der Anteil der Alten steigt, verlangsamt sich die ökonomische Dynamik – auch das dürfte die Investitionsbereitschaft dämpfen. Die geringere Anzahl jüngerer Leute legt außerdem nahe, dass es weniger Gründer gibt, was wiederum die Anzahl lohnender Investitionsobjekte einengt. Die Digitalisierung senkt tendenziell die Kosten von Investitionsgütern, zum Beispiel von Software, sodass Firmen letztlich weniger Geld aufwenden müssen, wenn sie ihre Kapazitäten ausweiten wollen.[58]

All dies dürfte einen Teil der gegenwärtigen Probleme erklären. Und doch greifen diese Erklärungsversuche zu kurz.

WARUM DER KAPITALISMUS IM LEERLAUF HEISS LÄUFT

Während die reale Wirtschaft in den vergangenen Jahrzehnten allmählich erlahmte, was sich in bröckelnden Investitionsquoten und schwachen Wohlstandszuwächsen niederschlug, liefen die Börsen fabelhaft. Die Märkte für Aktien, Anleihen. Immobilien, Rohstoffe und andere Vermögenswerte verzeichneten einen beispiellos langen Boom. Kurse und Preise stiegen. Auf den ersten Blick passt beides schlecht zusammen: Eigentlich sollte eine schwächelnde Realwirtschaft, die wenig investiert und deren Wachstumsaussichten sich deshalb eintrüben, nicht mit blühenden Kapitalmärkten einhergehen. Jedenfalls nicht auf Dauer. Denn letztlich sollten hohe Kurse die Erwartung von hohen Einnahmen widerspiegeln, für die eine solide erwartete Wirtschaftsentwicklung die Basis bildet.

Umgekehrt: Wenn Vermögensgüter wie Aktien teurer werden, sollte sich das irgendwann in der realen Wirtschaft niederschlagen. Statt in bestehende Unternehmensanteile, vulgo: Aktien, fließt das Geld dann in neue Projekte: in den Kapazitätsausbau von etablierten Unternehmen, in Start-ups, in innovative Vorhaben. Wenn der Druck in der Geldumwälzpumpe nur hoch genug ist, wird irgendwann eine wohlstandssteigernde Investitionsdynamik einsetzen. Aber dieser Mechanismus funktioniert kaum noch.

Zwar haben sich Notenbanken rund um den Globus alle Mühe gegeben, den Druck in der Pumpe so weit zu erhöhen, dass die reale Wirtschaft wieder schneller wächst. Seit 2007 haben sie massiv in die Finanzmärkte eingegriffen und Schuldverschreibungen aller Art aufgekauft. Entsprechend sind die Bilanzsummen der Notenbanken weltweit um das Zweieinhalbfache gestiegen, auf weit über 20 Billionen US-Dollar. Die Leitzinsen sind extrem niedrig, inflationsbereinigt zwischen minus 2 Prozent in den USA und minus 1 Prozent in der Eurozone und Japan.[59] Trotzdem ist von dynamischem Wachstum wenig zu sehen. Stattdessen: Einkommen stagnieren, Wohlstand bröckelt, die Arbeitslosigkeit ist hoch, der Frust der Bürger nimmt zu – und stärkt jene Kräfte, die die offene Gesellschafts- und Wirtschaftsordnung beseitigen wollen.

Man kann die Fehlfunktion der Geldumwälzpumpe als vorübergehendes Phänomen begreifen, das sich irgendwann von alleine lösen wird. Doch damit wird man der Natur des Problems nicht gerecht. Offenkundig haben wir es mit einer langfristigen Fehlsteuerung des Systems zu tun, das die Wirtschaftsstrukturen verzerrt hat, das schräge Anreize gesetzt hat, das die Werte und Normen ganzer Generationen verwirrt hat, das letztlich die reale Wirtschaft gebremst und dabei die Verteilung von Einkommen und Vermögen verschoben hat – und das nun seine eigene Antithese in Form von nationalpopulistischen Bewegungen hervorbringt.

Es geht um Geld. Die Globalisierung der vergangenen Jahrzente ging einher mit einer permanenten monetären Überversorgung. Drei Faktoren spielen zusammen: die freigiebige Geldpolitik der Notenbanken, die Liberalisierung des Finanzsektors und die Öffnung zuvor abgeschotteter Kapitalmärkte.[60] Alle drei sind letztlich das Resultat einer international kaum abgestimmten Wirtschaftspolitik, die grenzüberschreitende Wechselwirkungen weitgehend ignoriert. Im Zusammenspiel entstand ein Finanzsystem, das kaum noch Beschränkungen bei der Schöpfung von Geld und Kredit unterlag: Die Notenbanken, die bis Anfang der siebziger Jahre dem goldgedeckten US-Dollar folgten, sind seither frei, die Geldversorgung nach nationalem Gusto zu steuern – und produzierten zunächst einmal eine erste Geldschwemme, die zu rapide steigenden Inflationsraten führte. Es dauerte Jahre, bis die Notenbanken sie in den achtziger Jahren durch eine striktere Politik einhegen konnten.

Die Geschäftsbanken wiederum durften ab den achtziger Jahren immer mehr Geschäfte tätigen. Das erlaubte ihnen, die Kreditvergabe zu erhöhen. Besonders extrem war die Entwicklung im britischen Finanzsektor. Über ein Jahrhundert lang wuchsen die Banken in etwa im Gleichschritt mit der realen Wirtschaft; die Bilanzsummen betrugen zwischen 1880 und 1970 stabil rund 50 Prozent des Bruttoinlandsprodukts. Als die Fesseln der Regulierung gelockert wurden, explodierten die Bilanzsummen förmlich, bis über 500 Prozent des BIP Ende der 2000er Jahre.[61] In den Zahlen spiegelt sich die Überversorgung der Wirtschaft mit Schulden, denn vergebene Kredite finden sich in den Bankbilanzen auf der Aktivseite wieder. Zusätzlich sorgte der Wegfall der Kontrollen im internationalen Kapitalverkehr dafür, dass überschüssige Ersparnisse in immer mehr Ländern investiert werden konnten, die dort wiederum die Auslandsverschuldung steigerten. Auch diese Gelder fließen durch die großen Finanzplätze.

Früher war es so: Wenn Notenbanken und Geschäftsbanken mehr Geld in die Wirtschaft pumpten, als für Transaktionszwecke benötigt wurde, stieg regelmäßig die Inflation. Daraufhin wurden die Zinsen erhöht, sodass der Preisanstieg gebändigt werden konnte. Doch die Globalisierung hat die Lage verändert: Der enorme Wettbewerbsdruck auf internationalisierten Gütermärkten dämpft den Preisanstieg. Entsprechend schien es zunächst möglich zu sein, Geld und Kredit von der Kette zu lassen, ohne dass sich die Inflation als Nebenwirkung einstellte. Die überschüssigen flüssigen Mittel jedoch verschwanden nicht aus dem System, sondern flossen an Börsen und Immobilienmärkte, wo sich immer wieder Preisblasen aufblähen und irgendwann platzen. Zurück bleiben hohe Schulden, denen dezimierte Gegenwerte gegenüberstehen. Eine prekäre Situation, die die Notenbanken immer wieder dazu veranlasst hat, mit noch größeren Geldspritzen das große Schuldenspiel irgendwie in Gang zu halten. So ist seit den achtziger Jahren ein sich aufschaukelnder Finanzzyklus entstanden, der mit immer größerer Amplitude Booms und Busts produziert,[62] sodass sich im Laufe der Zeit immer größere Schuldenlasten angesammelt haben, die nun selbst zu Wachstumsbremsen geworden sind (siehe Kapitel 1).

Die Weltwirtschaft steht nicht unbedingt am Beginn einer langen Phasen der »säkularen Stagnation«, in der sich eine Art eisiger Nebel quasi gottgegeben auf die Wirtschaft legt. Vielmehr sind die Probleme menschengemacht. So ließen sich die gegenwärtigen Probleme der globalisierten Wirtschaft aus dem System selbst heraus erklären, schlussfolgert die Bank für Internationalen Zahlungsausgleich: als Folge von »financial booms gone wrong«, also von gescheiterten, in die Irre gelaufenen Finanzbooms.[63]

WAS MACHT EIGENTLICH EIN UNTERNEHMER – AUSSER GELD?

Wie gesagt: Eigentlich ist der Kapitalismus eine tolle Sache. Aber damit er zur allgemeinen Wohlstandssteigerung führt, muss er in ein soziales System eingebettet sein – in eine kulturelle Komplementärstruktur, wie Joseph Schumpeter es formulierte.[64] In seinem 1943 erschienen Buch *Kapitalismus, Sozialismus und Demokratie* zeigte der Nationalökonom in einem faszinierenden historischen Überblick, wie die kapitalistische Wirtschaftsweise sich seit der Renaissance eine Kultur und Wissenschaft schuf, die den allgemeinen Fortschritt beförderte. In ihrem Zentrum stehen Figuren, die etwas erschaffen und die Welt – oder zumindest die Sicht auf die Welt – verändern wollen. Dafür brauchen sie Entfaltungsspielräume, Gedanken- und Redefreiheit, Bildung, Wissen, Ideen. Künstler, Wissenschaftler und Unternehmer ähneln sich darin, dass sie die Welt gestalten wollen. Ihre Motive sind nicht unbedingt altruistisch: Sie wollen individuell erfolgreich sein. Das können sie aber in einem kulturell gezähmten Kapitalismus nur, wenn sie gleichzeitig die Gesellschaft voranbringen. Nur dann können sie mit Anerkennung rechnen. Nur so haben sie die Chance, überdurchschnittliche Gewinne zu machen. Im Mittelpunkt von Schumpeters Entwicklungstheorie steht denn auch der Typus des innovativen Unternehmers. Er fühlt sich getrieben, Neues zu wagen, weil er nur dann mit außergewöhnlichen Gewinnen rechnen kann. Ausschließlich das Neue bringt ordentliche Margen. Im Zustand der vollständigen Konkurrenz hingegen, wenn viele Firmen die gleichen Produkte anbieten, tendieren die Gewinne gegen null – die Folge ist Stillstand.

So kommt es, dass der innovative Unternehmer aus Eigennutz den Fortschritt vorantreibt. Was er an Neuerungen auf den Markt bringt, wird von anderen Unternehmen fortentwickelt oder imitiert. In der Folge sinken die Preise, so das der Fortschritt immer mehr Menschen zugute kommt. Die Mittel für diesen Zweck besorgt sich der Unternehmer auf dem Kapitalmarkt: Wer mehr Geld zur Verfügung hat, kann schneller wachsen, als wenn er nur seine Gewinne reinvestiert. Größere Einheiten sind effizienter. Umso billiger können sie produzieren. Umso schneller verbreitet sich der Wohlstand in der Breite der Gesellschaft.

Der Unternehmer als Held des Kapitalismus – das ist, zugegeben, ein stark idealisiertes Bild. Aber es taugt, um einen entscheidenden Punkt herauszuarbeiten: Geld und Gewinn sind nicht der Zweck des Wirtschaftens selbst – sie sind Mittel. Ein Unternehmer, der keine Gewinne macht, verschwindet vom Markt. Eine Firma, der das Geld ausgeht, geht an Illiquidität zugrunde. Gewinne zu machen ist eine notwendige Bedingungen für nachhaltiges Wirtschaften, aber langfristig kein eigentliches Ziel. Wenn Gewinnmaximierung zum Ziel selbst wird – wenn sie nicht mehr in eine kulturelle Komplementärstruktur à la Schumpeter eingewoben ist –, dann degeneriert der Kapitalismus. Dann gehen die Ideen aus, die Investitionsmöglichkeiten werden knapp. Der Fortschritt kommt zu Stillstand.

Damit sind wir beim gegenwärtigen Zustand der Globalisierung. Die Dominanz der Finanzwirtschaft hat die Realwirtschaft deformiert. Mehr noch: Sie hat das ökonomische Denken verändert. Wenn das Ziel der Gewinnmaximierung, in der Volkswirtschaftslehre eine übliche vereinfachende Annahme zur Beschreibung unternehmerischen Handelns, zur Handlungsmaxime erhoben wird, dann ist Gefahr in Verzug. Es geht dann nicht mehr um langfristige Zukunftsinvestitionen. Renditen müssen schnell kommen und möglichst sicher. Die kurzfristige Pflege der Kurse rückt in den Fokus. Entsprechend schütten viele Unternehmen große Teile ihrer Gewinne an die Aktionäre aus – in Form von Dividenden und durch den Rückkauf eigener Aktien. US-Unternehmen haben 2015 nach Analystenschätzungen mehr als eine Billion US-Dollar ausgeschüttet. Ähnlich in Großbritannien, wo Andrew Haldane, der Chefökonom der Bank of England, vorrechnete, dass in den siebziger Jahren Unternehmen im Schnitt nur 10 Prozent der Gewinne an die Aktionäre zurückgegeben hätten, heute jedoch die Quote bei 60 Prozent liege.[65]

Topmanager pimpen die Börsenkurse, indem sie Gewinne dazu verwenden, Aktien des eigenen Unternehmens zurückzukaufen, statt das Geld zu investieren. Kurse und Gewinne steigen, Umsätze stagnieren oder schrumpfen. Ob General Electric, Pfizer oder BP – Beispiele dafür gibt es reichlich. Der globale Kapitalismus: derzeit lebt er auf Kosten seiner eigenen Zukunft.[66] Auch deutsche Konzerne bedienen zuvörderst ihre Anteilseigner. Siemens etwa war jahrelang auf Schrumpfkurs, fuhr aber ein Rückkaufprogramm über viele Milliarden Euro. Das heißt: Der Konzern verwendete Gewinne nicht, um mit innovativen Produkten zu wachsen, sondern gab lieber seinen Aktionären ihr Geld zurück.

Wenn die Manager schon nicht wissen, wo sie ihr Geld investieren sollen, warum sollten Anleger ihnen dann Geld zum Investieren zur Verfügung stellen? Offenkundig haben wir es mit einer grundlegenden Vertrauenskrise zu tun. Unternehmen gehen immer weniger unternehmerische Risiken ein. Dadurch schrumpfen die Möglichkeiten, künftige Einkommen zu generieren. Das gilt für jedes einzelne Unternehmen, aber auch für ganze Volkswirtschaften.

Das System vergrätzt seine Jünger. Wenn die Unternehmen das Geld der Sparer nicht mehr nehmen, um damit in großem Stil in neue Geschäfte zu investieren, sondern um es den Sparern zurückgeben, wirft das große Fragen auf: Womit wollen die Unternehmen eigentlich künftig Geld verdienen? Welchen Kunden wollen sie dienen? Wie wollen sie ihre Mitarbeiter beschäftigen?

Der leerlaufende Kapitalismus macht inzwischen selbst seinen eifrigsten Protagonisten Sorgen. Larry Fink, Chef der weltgrößten Assetmanagement-Firma BlackRock, geht in öffentlichen Briefen scharf mit den Topmanagern globaler Konzerne ins Gericht: Ihre Investitionszurückhaltung sende »entmutigende Botschaften« in die Welt, während Aktienrückkäufe auf Rekordhöhe die Kurse antrieben – »ein Indikator, dass Unternehmen dem Druck der Kurzfristigkeit unterliegen, statt konstruktive, langfristige Strategien« zu verfolgen.[67] Bank-of-England-Vordenker Haldane stellt denn auch die heutige Art der Unternehmensführung (»Corporate Governance«) infrage.

Investiert wird stattdessen bevorzugt in Wohnimmobilien, die solide erscheinen, aber keineswegs sicher sind, wie die geplatzten Immobilienblasen in vielen Ländern gezeigt haben. In der Boomphase bläht sich der Bausektor auf und zieht Kapital und Arbeitskräfte ab. Zur nachhaltigen Produktivitätssteigerung der Wirtschaft trägt der Bau jedoch kaum bei. Echte Innovationen, die mit hohem Risiko behaftet sind, aber den Wohlstand mehren könnten, hingegen haben es schwer. Dennoch geht das Spiel immer weiter: Auch Deutschland ist inzwischen mit von der Partie. Die Bundesrepublik hat unter den OECD-Ländern eine der niedrigsten Quoten an Ausrüstungsinvestitionen, aber eine der höchsten Quoten an Bauinvestitionen.[68]

Die Perversion des gegenwärtigen Systems zeigt sich in den

negativen Zinsen, die ab 2015 immer weiter um sich griffen. Statt in die Ausweitung der produktiven Möglichkeiten zu investieren, liehen Anleger Staaten wie der Bundesrepublik lieber Geld und zahlten den Kreditnehmern sogar noch eine Gebühr (den Negativzins) dafür. Hauptsache, sie bekämen es mit hoher Wahrscheinlichkeit zurück. Mit Unternehmertum hat das nichts zu tun.

Wenn Konzerne wachsen, dann bevorzugt, indem sie mit billigen Krediten andere Unternehmen kaufen. Bei den periodisch auftretenden Übernahmewellen werden Vermögensgüter getauscht, aber keine neuen Kapazitäten geschaffen. Aus volkswirtschaftlicher Perspektive sind Übernahmen keine Investitionen, die das Produktionspotenzial steigern würden, sondern schlicht ein Tauschgeschäft. Wohlstandszuwächse für die große Mehrheit der Bürger fallen dabei kaum ab. Nebenher explodieren die Preise der Vermögensgüter, die Aktienkurse, die Immobilienpreise. So kommt es zu gravierenden Schieflagen bei der Verteilung. An der kreditgetriebenen Tauschwirtschaft verdienen einige prächtig: Manager, Banker, Fondsmanager, Berater, Anwälte, Wirtschaftsprüfer. Da aber die Produktivität nicht steigt, stagnieren oder fallen die Einkommen in der Breite der Gesellschaft (siehe oben).

Natürlich, am Rande profitieren auch einige Privatleute. Wer die richtigen Aktien hat, kann absahnen; wer in billigeren Zeiten eine Immobilie gekauft oder geerbt hat, kann nun fette Gewinne einfahren. Den weniger Glücklichen ist der Vermögensaufbau oder der Hauskauf angesichts horrender Preise kaum noch möglich. Wer jedoch nur wenig Geld sparen kann, muss sich mit Niedrigstzinsen zufrieden geben.

Die politische Debatte dreht sich üblicherweise um Umverteilung, höhere Steuern und Sozialleistungen. Aber das ist zu kurz gesprungen: Das System insgesamt braucht eine Generalüberholung – siehe den in Kapitel 1 umrissenen *globalen Pakt gegen den Stillstand*. Was nicht erwirtschaftet wird, das kann auch nicht verteilt werden. Und da wird die Sache kompliziert: Es geht um Bildung (von der Kita bis zur Spitzenuni), um Energie-, Verkehrs- und Netzinfrastruktur, um Steuerpolitik, Wettbewerbspolitik auf digitalen Märkten, Finanzmarktregulierung, Geld und Währung. Die Produktivitätsschwäche wird sich nur dann überwinden lassen, wenn wieder mehr Mittel in echte Investitionen fließen, statt in immer teurere Immobilien, Wertpapiere oder Firmenübernahmen.

WO SICH FRUST UND ZORN GUTE NACHT SAGEN

Die Folgen des fehlgesteuerten Finanzmarktkapitalismus und die damit verbundenen Verteilungsfragen sind der Dünger, der die Gegenkräfte zur Globalisierung sprießen lässt. Der Humus jedoch befindet sich an Orten, wo man es eigentlich am wenigsten vermuten sollte: Aus der Idylle entspringt der Zorn. Die politischen Erdstöße, die seit einiger Zeit die westlichen Demokratien im Innern durchrütteln, gehen von der Peripherie aus. Ländliche Regionen entscheiden Wahlen, überraschen Experten und verändern den Kurs ganzer Nationen. Die Bürger in den Metropolen schauen fassungslos zu.

Wo hat der irrlichternde Donald Trump seine Unterstützer gefunden? Vor allem im Mittleren Westen und im Süden, weit weg von den prosperierenden Städten an den Küsten. Wer stimmt für die französische Rechtspopulistin Marine Le Pen vom Front National? Vor allem das erdverbundene, ländliche Frankreich (*la France profonde*), wo die Welt angeblich noch in Ordnung ist. Warum hat sich eine Mehrheit der Briten gegen die EU-Mitgliedschaft entschieden? Weil die Bürger in der englischen Provinz, abseits der Weltstadt London, lieber für sich sein wollen. Wer verhalf im osteuropäischen Wirtschaftswunderland Polen der nationaltönenden PiS-Partei zum Wahlsieg? Die Bevölkerung abseits der großen Städte, wo seither die Demonstrationen gegen den Rechtsruck nicht aufhören. Wo fährt die AfD in Deutschland ihre größten

Wahlerfolge ein? In den relativ dünnbesiedelten, wirtschaftsschwachen Regionen Ostdeutschlands.

Die Gegensätze zwischen Stadt und Land werden größer, überall auf der Welt. Und inzwischen schlagen sich die zunehmenden Differenzen auch politisch nieder.

Der Trend ist eine indirekte Folge der Globalisierung. In den Großstädten, den Knotenpunkten der Weltwirtschaft, ist die Produktivität viel höher als auf dem flachen Land; die Einwohner Londons beispielsweise produzieren pro Kopf fast das Fünffache des britischen Durchschnitts. Zunehmend konzentriert sich das Wirtschaftswachstum auf die Metropolregionen; so entfiel auf den Großraum Paris rund die Hälfte der Steigerung des französischen Bruttoinlandsprodukts des vorigen Jahrzehnts, wie die OECD ermittelte.[69] Entsprechend höher sind die Löhne; entsprechend wohlhabender sind Städter im Durchschnitt. Höher gebildet und zufriedener mit ihrem Leben sind sie obendrein.

So setzt ein sich selbst verstärkender Effekt ein: Junge, ambitionierte Leute zieht es in die größeren Städte, wo sich ihnen bessere Arbeitsmarktchancen bieten. Auch Investitionen fließen bevorzugt in die Metropolen. Das flache Land hingegen dünnt aus, ökonomisch und demografisch. Zurück bleiben abstiegsbedrohte Regionen, die sich, wenn es schlecht läuft, zu einer Parallelwelt entwickeln, wo sich ein Lebensgefühl ausbreitet, das mit dem Geist der Städte nur noch wenig gemein hat. Ärmer, älter, pessimistischer – und entsprechend empfänglich für populistische Politstrategen.

Deutschland steht bislang noch relativ gut da. Noch halten sich die ökonomischen Unterschiede zwischen den Regionen in Grenzen. Die Differenzen bei den verfügbaren Einkommen sind bislang relativ gering, deutlicher kleiner etwa als in Großbritannien, Frankreich oder Polen.[70] Aber das könnte sich bald ändern: Prognosen des Bundesinstituts für Bau-, Stadt- und Raumforschung (BBSR) zeigen, dass weite Teile Deutschlands in den kommenden zwei Jahrzehnten zu ziemlich menschenarmen Landschaften zu verkommen drohen.[71] Denn die demografische Entwicklung führt keineswegs zu einem gleichmäßigen Rückgang der Bevölkerung. Vielmehr konzentriert sich die verbleibende Bevölkerung in den Städten. Dünn besiedelten Regionen hingegen steht ein starker Rückgang bevor.

Die Polarisierung der Bevölkerung zeigt sich auch für Deutschland insgesamt, denn den BBSR-Prognosen zufolge wird insbesondere der Süden profitieren. Hingegen werden der Norden und vor allem der Osten – Ausnahme: Großraum Berlin – mit erheblich schrumpfenden Einwohnerzahlen zu kämpfen haben. Auch innerhalb westlicher Flächenländer kommt es zu einer Polarisierung: Regionen wie dem Sauerland, Südniedersachsen, Nordhessen oder der Oberpfalz droht ein erheblicher Bevölkerungsrückgang, während auch dort die Ballungsräume weiter wachsen.

Die verbleibende Bevölkerung zieht sich die Städte zurück. An dieser Tendenz wird übrigens ein stärkerer Zuzug aus dem Ausland wenig ändern (das BBSR kalkuliert mit einer Nettozuwanderung von 200.000 Personen jährlich). Auch Immigranten ziehen bevorzugt dorthin, wo es Arbeit gibt und bereits kulturelle Vielfalt herrscht – und nicht in frustgeplagte Gebiete mit geringen Jobchancen.

Die Wechselwirkungen zwischen Demografie und Ökonomie machen es umso schwieriger, sich dem Abstieg der Regionen entgegenzustellen. Durch die fortschreitende Digitalisierung verlagert sich die Wertschöpfung zunehmend auf wissens- und innovationsintensive Aktivitäten, die wiederum bevorzugt in Ballungsräumen gedeihen. Nämlich dort, wo es eine ausgebaute Wissensinfrastruktur gibt: Universitäten, Forschungseinrichtungen, technologieintensive Unternehmen. In dünn besiedelten ländlichen Räumen hingegen wird es immer schwieriger, überhaupt noch die fundamentale Infrastruktur bereitzustellen: öffentliche Verkehrsmittel, allgemeinbildende Schulen, Gesundheitsversorgung.

So sinnvoll die räumliche Konzentration der schrumpfenden Bevölkerung wirtschaftlich sein mag – weil sie die Produktivität befördert und die Kosten der staatlichen Daseinsvorsorge dämpft –, so gefährlich ist sie politisch. Wenn sich in ländlichen Regionen ein Gefühl der Perspektivlosigkeit ausbreitet, hat dies Rückwirkungen auf den Kurs ganzer Nationen. Protektionistische, xenophobe Haltungen breiten sich aus. Tendenzen, die bereits heute zu beobachten sind – siehe die Erfolge von Trump, Le Pen & Co.

Die ökonomisch-demografische Polarisierung droht, eine politische Polarisierung nach sich zu ziehen. Die Gefahr besteht, dass Nationen in zwei Welten zerfallen, die immer weniger miteinander zu tun haben: einerseits die Städte, geprägt von einem prosperierenden, weltoffenen Bürgertum – andererseits der ländliche Raum, geplagt von Abstiegsängsten und Radikalisierungstendenzen. Beides passt immer weniger zusammen. Vor allem wenn der Zorn regiert.

Das Muster der regionalen Polarisierung ist rund um den Globus erkennbar. Ein gefährlicher Fatalismus ist die Folge, der wiederum politische Reaktionen hervorruft. Zwei Varianten sind derzeit erkennbar: Wo die Einwohnerzahl weiter wächst und viele junge Leute für sich keine Perspektive sehen, bricht sich Gewalt Bahn, wie dies beispielsweise in Teilen der arabischen Welt zu beobachten ist. In Regionen hingegen, wo die Bevölkerung insgesamt durch niedrige Geburtenraten und Abwanderung schrumpft, entstehen menschenarme Gebiete, die in Tristesse und beschleunigtem Niedergang versinken und daran auch nichts ändern wollen. Das ist insbesondere in Osteuropa der Fall.

GEFANGEN IM ABSTIEGSFATALISMUS

Nirgends auf der Welt verläuft der demografische Wandel so rasch wie in Osteuropa. Unter den zehn am stärksten schrumpfenden Nationen der Welt finden sich ausschließlich Staaten Ost- und Südosteuropas. Bis 2050 wird Polens Bevölkerung um 5,5 Millionen Menschen zurückgehen, die Rumäniens um 4,3 Millionen, die Bulgariens um 2 Millionen – die Folgen einer Kombination aus niedrigen Geburtenzahlen und rapider Abwanderung gen Westeuropa. In den kommenden Jahrzehnten wird insbesondere der Anteil der Menschen im arbeitsfähigen Alter rapide schrumpfen, wie aus der Bevölkerungsvorhersage der Vereinten Nationen hervorgeht (Abbildung 6).

6. Osteuropa auf Schrumpfkurs
Staaten mit dem größten prognostizierten prozentualen Bevölkerungsrückgang zwischen 2015 und 2050

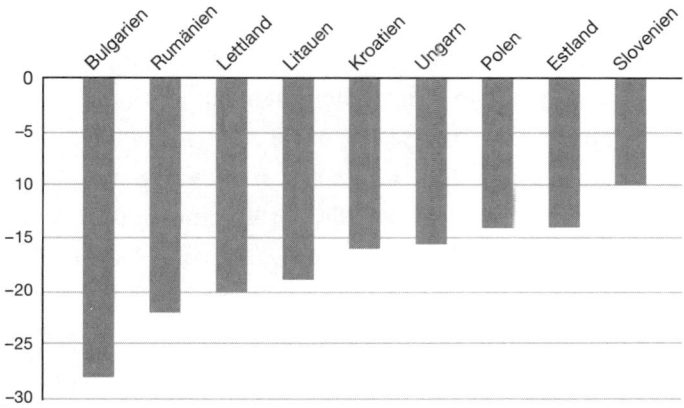

Quelle: UN

Die Auswirkungen lassen sich kaum überschätzen – ökonomisch, sozial und politisch. Wenn die Bevölkerung binnen 35 Jahren um mehr als ein Viertel zurückgeht wie in Bulgarien, dann droht auch der bescheidene Wohlstand der verbleibenden Bewohner zu verfallen. Heftige Verteilungskämpfe inklusive.

Der Abstiegsfatalismus und die damit einhergehenden Verteilungskämpfe sind ein Grund dafür, warum die Osteuropäer Zuwanderung so vehement ablehnen. Wer nicht glaubt, durch den Zuzug von Neubürgern etwas gewinnen zu können, wer hingegen erwartet, dass sein Leben umso schwieriger wird, der möchte verständlicherweise keine Zuwanderung. Aus einer langfristigen, übergeordneten Perspektive betrachtet jedoch ist es angesichts der trüben demografischen Aussichten ein folgenschwerer Fehler, dass gerade die östlichen EU-Staaten Zuwanderer möglichst draußen halten wollen, dass sie sich einfach in die demografische Falle treiben lassen. Unmittelbar jedoch nehmen die Bürger ärmerer Regionen und Länder Zuwanderung als Bedrohung wahr. Gefordert wären deshalb nicht nur die osteuropäischen Länder selbst, sondern die EU insgesamt. Ganz Europa könnte seine demografischen Strukturen verbessern, sein Wachstumspotenzial erhöhen, seinen Platz in der Welt sichern.

Der Zuwanderungsdruck nach Europa wird nicht aufhören, insbesondere aus Afrika und den arabischen Ländern (siehe Kapitel 1: »Die demografische Sackgasse«) werden Menschen hierhin streben. Wenn es gelänge, diese Migranten zu integrieren und gerade dort in Europa anzusiedeln, wo die Bevölkerung ausdünnt, wäre das eine Investition in die gemeinsame Zukunft, weil die östlichen Ländern so eine Chance hätten, auf Dauer ökonomisch funktionsfähig zu bleiben. Die EU könnte beispielsweise ein Integrationsprogramm auflegen, das den ärmeren Staaten die Aufnahme von Zuwanderern ermöglicht. Die westlichen EU-Staaten sollten die ärmeren Nachbarn großzügig dabei unterstützen – durchaus aus eigennützigem Interesse, denn falls die östlichen Nachbarländer in den kommenden Jahrzehnten demografisch veröden, werden sie unweigerlich am Tropf der Gemeinschaftskassen hängen. Gerade Deutschland – das größte EU-Zahlerland, dessen Wirtschaft eng mit den Handelspartnern im Osten verflochten ist – sollte daran gelegen sein, dass es nicht so weit kommt. Natürlich, ein solches Programm aufzulegen wäre nicht einfach. Schwierige Fragen harren einer Antwort – ganz praktische (Wo bringt man die Neuankömmlinge unter?) und grundsätzliche (Wie viel Fremdheit erträgt eine Gesellschaft?). Aber ihre Beantwortung wäre leichter, würde der finanzielle Verteilungskonflikt entschärft. Doch wie die Dinge in Europa inzwischen liegen, werden derlei Überlegungen wohl rein hypothetischer Natur bleiben.

Besonders lautstark hat in den vergangenen Jahren Ungarns Premier Viktor Orbán gegen den Zuzug getönt. In martialischer Pose ließ er Sicherheitskräfte auffahren, um möglichst abschreckende Bilder zu produzieren. Dabei ist Ungarn ein gutes Beispiel für die heraufziehende osteuropäische Malaise. Die Bevölkerung wird nach UNO-Projektionen bis 2050 um 16 Prozent zurückgehen. Seit Ausbruch der Finanzkrise erreicht die Wirtschaft nicht mehr die hohen Wachstumsraten früherer Jahre, während die Staatsschulden auf fast 100 Prozent der Wirtschaftsleistung angestiegen sind, wie die OECD kalkuliert. Um das Land, das in den neunziger Jahren das osteuropäische Lieblingsziel internationaler Investoren war, flott zu halten, würde Einwanderung helfen. Die Geburtenraten jedenfalls sind, wie überall sonst in Osteuropa, so niedrig, dass die Kopfzahl ohne den Zustrom von Ausländern unweigerlich abnimmt. Wer investiert schon in eine Nation, die auf dem absteigenden Ast sitzt?

Wie in Ungarn, so sind inzwischen in vielen Ländern Osteuropas populistisch tönende Politiker an der Macht. Gegen den Abstiegsfatalismus setzen sie stramm nationale Rhetorik, auf die Ausdehnung exekutiver Macht, häufig auf Kosten der Gewaltenteilung und der Pressefreiheit. Eine bemerkenswerte Kehrtwende, die seit der Jahrtausendwende stattgefunden hat. Der damalige Liberalisierungsschub – die Öffnung der Wirtschaft und der Gesellschaft gepaart mit der Schaffung vertrauenswürdiger staatlicher Institutionen – ist längst zum Stillstand gekommen. Stattdessen beschwören die politischen Führer die Idee der nationalen Einheit, notfalls durchgesetzt mit rüden Methoden. Dass sie damit die wirtschaftlichen Entwicklungsperspektiven ihrer Länder weiter verschlechtern, ignorieren sie. Oder sie nehmen es billigend in Kauf.

FAILED STATES, »ISLAMISCHER STAAT« UND DIE GLOBALISIERUNG DES TERRORS

Die Globalisierung bringt verschiedene Antithesen hervor. Die krasseste Form findet sich dort, wo die staatliche Ordnung insgesamt zusammengebrochen ist. *Failed States*, dysfunktionale Staatswesen, finden sich insbesondere in jenen Regionen, in denen die Bevölkerung nach wie vor rasch wächst, das Wirtschaftswachstum aber mit der Entwicklung kaum Schritt hält, wie das insbesondere in weiten Teilen Afrikas und im westlichen Asien der Fall ist. Ein Gürtel der Instabilität zieht sich von Libyen über Somalia bis Syrien und den Irak. Die Terrororganisation »Islamischer Staat« ist überall präsent. Mit den Mitteln des 21. Jahrhunderts exportiert sie tödliche Gewalt und Ausbeutung in die Nachbarländer und nach Europa. Was als Kampf gegen die ökonomische und kulturelle Dominanz des Westens begann und in den al-Qaida-Anschlägen vom 11. September 2001 seinen symbolträchtigen Niederschlag fand, ist in einen Raubzug ausgeartet: In IS-kontrollierten Gebieten beutet eine selbsternannte Kriegerkaste aus Söldnern die örtliche Bevölkerung aus. Das Narrativ von der islamischen Selbstbehauptung gegen die westlich dominierte Globalisierung mag nach wie vor die Propaganda bestimmen, via Internet und Mobiltelefonie in alle Welt verbreitet. Der Terror gegen die eigenen muslimischen Glaubensbrüder und insbesondere -schwestern lässt sich damit aber nicht erklären. Letztlich geht es um die Aneignung knapper

Ressourcen in einem mit rücksichtsloser Brutalität ausgetragenen Verteilungskampf. In einer Region, in der viele junge Männer arbeits- und perspektivlos einer unsicheren Zukunft entgegen sehen, finden die IS-Strategen ein enormes Rekrutierungspotenzial. Sie mögen sich »Staat« nennen und die Errichtung eines großflächigen Kalifats zu ihrem Ziel erklären. Vom Aufbau stabiler staatlicher Strukturen ist jedoch nichts zu sehen. Stattdessen versuchen sie, Land um Land zu destabilisieren, auch Staaten wie Tunesien, die auf vergleichsweise solider Basis stehen. Nachwuchs rekrutieren sie unter der großen Zahl der unterbeschäftigten Jungen, deren Zahl im kommenden Jahrzehnt noch deutlich weiter wachsen wird.[72]

Der islamistische Terror stellt eine fundamentale Herausforderung für die Globalisierung dar, ebenso die Reaktionen, die er anderswo hervorruft. Zeiten tödlicher Bedrohung sind Zeiten der Exekutive. Der »Arabische Frühling«, die panarabische Freiheitsbewegung von 2011, hat nur in Tunesien zur Etablierung demokratischer Strukturen geführt. In anderen Ländern, die aufbegehrten, herrscht heute entweder Bürgerkrieg oder Diktatur.

Mit Verweis auf den Terror werden Freiheitsrechte eingeschränkt, nicht nur in arabischen Ländern wie Ägypten, auch in Russland oder der Türkei. Aber auch im Westen provoziert die Bedrohung scharfe staatliche Kontrollen. Offene Grenzen erscheinen plötzlich als Sicherheitsrisiko. Zuwanderer aus muslimischen Ländern stoßen auf Misstrauen. Eine Entwicklung, die nationalpopulistischen Politikern – von Warschau bis Washington – in die Hände spielt. Mit deren Strategien beschäftigt sich das nächste Kapitel.

ZEITEN DES ZORNS, WELTWEIT GESEHEN

Im Prinzip gibt es zwei Mittel, um mit gesellschaftlichen Konflikten zu umzugehen: Geld und Gewalt. Solange die Wirtschaft in ordentlichem Tempo wächst, lässt sich vieles mit Geld lösen. Im Idealfall sorgt der Markt dafür, dass der zunehmende Wohlstand einer breiten Mehrheit zugute kommt. Die (wenigen) Verlierer der Entwicklung bekommen eine Kompensation in Form staatlicher Transfers und anderer Hilfestellungen.

Problematisch wird es, wenn die Wohlstandszuwächse dauerhaft ausbleiben und sich viele Bürger nicht mehr auf der Gewinnerseite wähnen. Dann nehmen Verteilungskonflikte zu – zwischen sozialen Gruppen, zwischen Regionen, zwischen Ethnien. Eine Zeit lang kann der Staat versuchen, die Konflikte zuzudecken, indem er auf Pump Geld ausgibt oder indem er die Banken animiert, mehr Kredite an Privatleute und Unternehmen zu vergeben. Aber diese Strategie ist endlich: Irgendwann sind die Grenzen der Kreditwürdigkeit in Sicht. Es fehlt schlicht an Geld, um Konflikte zu befrieden. Gesellschaften werden unruhig.

In gefestigten Demokratien schlägt sich das im Aufstieg von populistischen Politikern nieder, die einfache Lösungen für komplexe ökonomische Probleme versprechen, die Sündenböcke an den Pranger stellen und die so tun, als gebe es eine homogene Volksmasse, die sich nur gegen ihre Feinde zur Wehr setzen muss. Aber solange die staatlichen Institutionen stabil sind und soziale Normen stark genug, entzaubern sich die großen Vereinfacher selbst: Sie scheitern regelmäßig an der Komplexität der Realität; ihre vollmundigen Versprechen können sie nicht einlösen. Stattdessen müssen sie Kompromisse eingehen, die sie vorher verunglimpft haben. Beispiele gibt es eine Menge, von Silvio Berlusconi in Italien über Jörg Haider in Österreich bis zu den englischen Brexit-Aktivisten, wie Boris Johnson und Nigel Farage. Kapitel 3 geht den Strategien der Populisten, der Rolle der Eliten und der

Medien detaillierter nach. An dieser Stelle steht zunächst der Aufstieg von Autokraten im Fokus.

Einst demokratische Staaten wie Russland und die Türkei sind in den vergangenen Jahren zu Exekutivsystemen degeneriert: Die Kompetenzen der Parlamente und der Justiz sind beschnitten, Meinungs-, Versammlungs- und Pressefreiheit eingeschränkt. Und autoritäre Regime wie das chinesische, die es auch schon mal etwas entspannter angehen ließen, ziehen inzwischen die Zügel wieder stramm. Wenn das Geld knapp wird, dann soll es eben eine starke Staatsgewalt richten, zur Not auch rohe physische Gewalt.

Ein bemerkenswerter Wandel. Solange der Globalisierungszyklus in seiner Aufschwungphase war, in den 1990er und 2000er Jahren, war auch die Freiheit auf dem Vormarsch. Bei steigendem Wohlstand lösten sich viele gesellschaftliche Konflikte quasi von allein. Selbst China, die größte Diktatur der Welt, öffnete Räume für einen freieren Gedankenaustausch in der Wissenschaft. Microblogs ermöglichten Bürgern erstmals, sich öffentlich zu äußern. Private Medien begannen, eigene Geschichten zu recherchierten, statt nur den Vorgaben der staatlichen Nachrichtenagentur zu folgen. Das war zwar nicht erlaubt, wurde aber in Grenzen geduldet. Demonstranten ließen die Behörden nun schon mal gewähren, jedenfalls solange es nicht gegen die kommunistische Partei ging, sondern um konkrete Anliegen wie Umweltverschmutzung. Künstler wie der Weltstar Ai Weiwei konnten sich relativ frei entfalten.

Als 2008 die große Rezession die Wirtschaft traf, setzte die Regierung zunächst weiter auf Geld als Konfliktlösungsmittel. Mit einer massiven Ausweitung der Kreditvergabe an Unternehmen versuchte Peking, die Investitionsdynamik am Laufen zu halten. Es folgten Maßnahmen zur Hebung des Lebensstandards: höhere Mindestlöhne beispielsweise, eine Aufwertung des Yuan und dergleichen mehr.

Aber Wachstumsraten um 10 Prozent jährlich, wie sie das rote

Wirtschaftswunderland über viele Jahre erlebt hatte, waren nicht mehr zu schaffen. Industriearbeiter, zuvor eine dringend umworbene Gruppe, verloren ihre Jobs. Hunderte Millionen von Wanderarbeitern, die es aus armen Provinzen in die boomenden Städte gezogen hatte, mussten um ihre karge Existenz bangen. Das Volk murrte. Xi Jinping, seit 2012 Pekings starker Mann, führt nun eine Revolution von oben an und hat Chinas Staatsmacht in einer Weise rezentralisiert, wie es das seit Maos Zeiten nicht mehr gab. Der Kampf gegen korrupte Kader soll das Volk besänftigen, die vehement vorangetriebene Gleichschaltung der Medien der Kritik die Stimme nehmen. Kunst und Wissenschaft werden drangsaliert. Ai Weiwei ist, nach Verhaftung und Misshandlung, ins Berliner Exil ausgewichen. Zugleich scheut sich die Regierung nicht, nationalistische Gefühle anzustacheln, gerade in Richtung der früheren Besatzungsmacht Japan.

Viele autoritäre Regierungen verfolgen ähnliche Strategien: Sie identifizieren innere und äußere Gegner, führen sie medial vor und bekämpfen sie notfalls ganz handfest. In China sind es korrupte Kader und die Nachbarländer am südchinesischen Meer, die Pekings Territorialansprüche durch den Bau immer neuer künstlicher Inseln nicht anerkennen wollen. Die Türkei hat die Gülen-Bewegung zum inneren Feind erklärt, bei schroffer Abgrenzung gegenüber der EU, Russland oder Amerika. In Russland geht es gegen angeblich westlich finanzierte Intellektuelle und die NATO-Staaten an ihrer Westgrenze. Das primäre Ziel ist immer das gleiche: die Herstellung von Stabilität im Land durch die bedingungslose Durchsetzung von Herrschaftsansprüchen.

Die Einschränkung der Freiheit geht einher mit einer propagandistischen Großoffensive. Selbstbehauptung, Aufopferung, Wehrhaftigkeit – Politiker in vielen Ländern ziehen ein emotionales Ertüchtigungsprogramm durch und appellieren an den Geist der Gemeinschaft in Zeiten ökonomischer Dauerdürre. Während viele Menschen arbeitslos sind oder Angst haben, es zu werden, versuchen politische Führer, mit nationalen Tönen den Laden zusammenzuhalten. Ein risikoreicher Kurs, der heftige Konflikte schüren kann.

Die Bilder mögen sich unterscheiden, der nationale Zeitgeist jedoch wirkt global. Beim »Volkskongress« im Frühjahr 2015 beschwor der chinesische Premier Li Keqiang denn auch den Zusammenhalt der Nation: Der Druck auf die Volkswirtschaft habe zugenommen, sodass das Land mit einer »ganzen Reihe von verwobenen Schwierigkeiten und Herausforderungen« zu kämpfen habe. Nun komme es darauf an, dass alle Chinesen »unter der festen Führung« der KP »zusammenarbeiten als ein Einziges«. In einer langen Rede, die überwiegend von wirtschaftlichen Problemen handelte, kündigte Li dann auch noch beiläufig an, die Militärausgaben deutlich zu erhöhen. China werde sich mehr anstrengen, um seine »Verteidigungsbereitschaft« zu stärken.

Die »neue Normalität« der Wirtschaft, von der Pekings Führung spricht, ist weltweit zu beobachten. Die hohen Wachstumsraten der Nullerjahre haben vielerorts immense Fortschrittserwartungen geschürt, die nun enttäuscht werden. Seit 2012 geht auch den großen Schwellenländern, die sich zuvor noch als neue Wachstumspole der Weltwirtschaft gesehen hatten, die Puste aus. Mit einigen Jahren Verspätung folgen sie dem etablierten Westen in eine Ära flauer Wohlstandszuwächse und steigender Schulden. Die fetten Jahre sind erst einmal vorbei. Die großen Hoffnungen der Bürger auf raschen Wohlstand werden enttäuscht. Nun versuchen sich die Regierenden an der Spitze zu halten, indem sie zunehmend brutaler zu Werke gehen.

Schwache Wirtschaft, rabiat nationale Politik – dieses Muster kommt derzeit in vielerlei Varianten daher. Kaum einer geht dabei so weit wie Wladimir Putin. Russland leidet unter strukturellen Problemen, demografischen Schwierigkeiten und dem Verfall der Rohstoffpreise. Die Mittelschichten fürchten Wohlstandseinbußen, die Führung den Zorn der Enttäuschten. Also schießt sich der Kreml verbal auf vermeintliche äußere Feinde ein, beschwört die Vision von einem Großrussland, die eher nach 19. als nach 21. Jahrhundert klingt – Krim-Annexion und Kreml-gesponserte Geländegewinne in der Ostukraine inklusive.

Wo wirtschaftliche Dynamik die Regierenden nicht mehr zu legitimieren vermag, wird die Macht nun durch Einschüchterung durchgesetzt. Die Liste jener Staaten, die in den vergangenen Jahren bürgerliche Freiheiten eingeschränkt haben, umfasst diverse Volkswirtschaften in prekärer Lage: Russland, Venezuela, Ägypten, Thailand, Nigeria, Kenia, Aserbaidschan – in immer mehr Staaten gehe es immer unfreier zu, warnt der US-Thinktank Freedom House. Seit dem Ende des Kalten Krieges sei die Akzeptanz der Demokratie nicht mehr derart in Gefahr gewesen.

Das weltweit nachlassende Wachstum, der Absturz der Rohstoffpreise, wilde Wechselkursschwankungen – all das hat politische Rückwirkungen, deren Tragweite gerade erst sichtbar wird.

TÜRKISCHE SÄUREBÄDER

Der kippende Globalisierungszyklus hat auch in der Türkei eine heftige Kehrtwende ausgelöst. Solange die Weltwirtschaft im Aufschwungsmodus war, setzte Recep Tayyip Erdoğan auf ökonomischen Erfolg, auf Öffnung und auf die Segnungen des Wettbewerbs. »Unser Ziel«, dröhnte der türkische Regierungschef über Jahre, »ist es, das Land zu einer der Top-10-Volkswirtschaften der Welt zu machen.« Nicht irgendwann, sondern bereits in wenigen Jahren. Bis 2023, zum 100. Jubiläum der Gründung der Republik, sollte sich das Sozialprodukt verdoppelt, die Arbeitslosenquote halbiert, der Handel vervielfacht haben. Noch 2015, vor den Parlamentswahlen, wiederholte Erdoğan dieses Ziel immer und immer wieder. Die Realität mochte grimm sein im Land – Krieg im benachbarten Syrien, Terror im eigenen Land, Unterdrückung der

Meinungsfreiheit – den Präsidenten hinderte das nicht daran, eine goldene Zukunft zu versprechen.

Mit einigem Recht: Über Jahre war Erdoğan durchaus erfolgreich. Als er 2003 ins Amt kam, hatte die Türkei gerade eine Währungskrise hinter sich. Die Inflation galoppierte davon, mit Preissteigerungsraten von mehr als 20 Prozent. Das Misstrauen in die Stabilität der Wirtschaft war groß, was sich in exorbitant hohen Zinsen niederschlug: Der türkische Staat musste Anlegern damals Sätze von fast 50 Prozent bieten, wenn er sich für zehn Jahre Geld leihen wollte. Als Ministerpräsident gerierte sich Erdoğan als Aufräumer. Er brach das alte Machtkartell der kemalistischen Eliten auf und schaffte es, die Türkei auf den Wachstumszug der Schwellenländer zu hieven. Der Wohlstand wuchs, die Arbeitslosigkeit ging zurück, ebenso die Inflation. Es waren gute Jahre. Mit kurzer Unterbrechung durch die globale Rezession von 2008/09 wuchs die Türkei dynamisch. Seit seinem Amtsantritt ist die Wirtschaftsleistung pro Kopf um mehr als 40 Prozent gestiegen, wie die OECD berechnet hat. Die Bürger dankten es: Dreimal wurde Erdoğan zum Ministerpräsidenten gewählt, schließlich zum Präsidenten.

Doch diese Phase ist vorüber. Die Wirtschaft sorgt nicht mehr für den gewohnten Rückenwind. Die Währung ist schwach, die Inflation schmerzt, die Arbeitslosigkeit steigt, die Unternehmen investieren kaum noch. Wie viele andere Länder auch suchte die Türkei eine Abkürzung zum Wohlstand. Zu lange hat die Wirtschaft auf Pump gelebt. In keinem anderen Schwellenland, abgesehen von China, sind die Unternehmensschulden seit 2007 so stark gestiegen, hat der Internationale Währungsfonds (IWF) berechnet. Und ähnlich wie die chinesische Führung versuchte auch die Regierung in Ankara mit einer Mischung aus lockerer Kreditvergabe und öffentlichen Investitionen die Wirtschaft am Laufen zu halten. Ein endliches Spiel – inzwischen sind die Schulden erdrückend hoch. In den Erdoğan-Jahren fuhr das Land immense außenwirtschaftliche Defizite ein, Jahr für Jahr zwischen 4 und 10 Prozent des Bruttoinlandsprodukts (BIP). Die Folge ist eine exorbitant hohe Auslandsverschuldung, die ständig refinanziert werden muss. Die Banken stehen auf schwankendem Fundament, weil ein Großteil der Kredite in US-Dollar vergeben wurde, was sich als Bumerang erweisen dürfte, wenn die US-Notenbank die Zinsen anhebt. Entsprechend abhängig ist die Türkei von den Launen des globalen Kapitalmarkts. Die Volkswirtschaft ist anfällig für globale Stimmungsumschwünge.

Die Krux: Je mehr Erdoğan die Freiheit in seinem Land einschränkt, desto mehr trüben sich die längerfristigen Wachstumsaussichten ein – und desto schlechter sind die Chancen für Investoren, ihr Geld zurückzubekommen. Im internationalen Ranking von Freedom House ist die Türkei seit 2011 immer weiter abgerutscht. Insbesondere mit der Pressefreiheit ist es nicht mehr weit her: Schon vor dem Putschversuch der Militärs im Sommer 2016 wurden Journalisten verhaftet, häufig mit dem Hinweis, sie hätten Terroristen unterstützt. Regierungskritische Tageszeitungen und Fernsehsender wurden kurzerhand verstaatlicht, Internetseiten blockiert. Die unmäßige Reaktion auf die gescheiterte Intervention des Militärs hat die Türkei im Herbst 2016 weiter in Richtung Despotie schlittern lassen. Doch beides geht auf Dauer kaum zusammen: Unfreiheit gefährdet den Wohlstand. Was in rohstoffreichen Ländern wie Russland oder den Golfstaaten noch halbwegs funktionieren mag, nimmt komplexeren Volkswirtschaften die Lebensenergie. Eine innovative Wirtschaft ist ohne freie Meinungsäußerung schwerlich denkbar. Ein Konflikt, der seit einiger Zeit auch China plagt. Ohne unabhängige Presse macht sich Korruption breit. Kaum verwunderlich, dass die Türkei auf dem Index der Nichtregierungsorganisation Transparency International abgerutscht ist.

Durch den Putschversuch von 2016 und die Reaktionen darauf hat sich die Lage drastisch verschärft: Indem Erdoğan Regierung nicht nur die Presse, sondern auch die Hochschulen gängelt und Akademiker am Reisen hindert, riskiert sie die ökonomische Zukunft des Landes. Kreativität und Innovation sind die Treibkräfte für den Aufstieg in höherwertige Wertschöpfungsstufen. Ohnehin ist das Bildungsniveau in der Türkei im OECD-Vergleich niedrig. Der Angriff auf die geistige Freiheit verschlimmert die Lage noch und unterminiert das Vertrauen jener internationalen Investoren, auf die die Türkei so dringend angewiesen ist.

So beschleunigt sich die Abschwungphase des Globalisierungszyklus weiter: Unfreie Länder haben es schwer, nachhaltige Wohlstandszuwächse zu erreichen. Entsprechend wenig Geld steht zur Herrschaftssicherung zur Verfügung. Eine Rezessions-Repressions-Spirale kommt in Gang: Eine akute Kapitalflucht stoppt das Wirtschaftswachstum; die Arbeitslosigkeit steigt. Der Wechselkurs verfällt. Teurere Importe beschleunigen die Inflation. Die Bürger verlieren einen Teil ihres Wohlstands. Unmut macht sich breit, worauf die Regierung mit immer drakonischeren Maßnahmen reagiert. Ein schlechtes Szenario. Nicht nur für die betroffenen Ländern selbst, sondern für die Weltwirtschaft insgesamt.

Wie sagte der Gobalisierungszyklus-Theoretiker Harold James? »In der Praxis führt die Globalisierung von Gütern und Kapital und Menschen oft zu einer Globalisierung der Gewalt.« Und die folgt ihrer eigenen Logik.

3. KRIEG DEN PALÄSTEN

Weshalb die globalisierten Eliten
in Politik und Wirtschaft
am Pranger stehen

Die Gegner des Volkes sitzen in Washington und Brüssel, in Warschau und Paris, in Berlin und Frankfurt.[73] Was auch immer falsch läuft – die Eliten sind Schuld. Eine unheimliche Allianz aus Politik, Big Business und Mainstreammedien hat sich zusammengeschlossen, die einfachen Leute auszubeuten. So jedenfalls behauptet es eine internationale Liga der Populisten. Ihre Positionen mögen sich im Detail unterscheiden, doch all die national gewirkten Lautsprecher teilen eine heftige Abneigung gegen Regierende, Topmanager und »Lügenpresse«. So einfach kann die Welt sein.

Die Eliten haben ein Problem, fast überall im Westen. Das wäre erst einmal nicht weiter schlimm: In Demokratien ist Kritik an den führenden Kreisen nicht nur erlaubt, sondern ausdrücklich erwünscht – ein Akt der Selbstreinigung, der das System dauerhaft funktionsfähig hält. Wer eine elitäre Position inne hat, muss sich auf öffentlichen Gegenwind einstellen. Das gehört zum Jobprofil. Inzwischen aber hat der Verdruss über die Eliten und die von ihnen geführten Institutionen alarmierende Ausmaße erreicht. Beispiele: Mehr als 70 Prozent der Deutschen misstrauen politischen Parteien, mehr als die Hälfte der Bundesregierung. Ähnlich schlecht stehen die Europäischen Zentralbank oder die Europäische Kommission da. Anderswo in der EU sind die Gräben zwischen den Bürgern und den demokratischen Institutionen noch tiefer, wie aus den Eurobarometer-Umfragen hervorgeht (Abbildung 7).[74]

Ähnlich kritisch ist die Haltung Unternehmen gegenüber, wie die US-Kommunikationsagentur Edelman kürzlich in ihrem globalen »Trust Barometer« ermittelt hat. Nur 42 Prozent der Befragten in Deutschland geben an, sie vertrauten der Wirtschaft.[75] Den

7. Das Misstrauen der Mehrheit

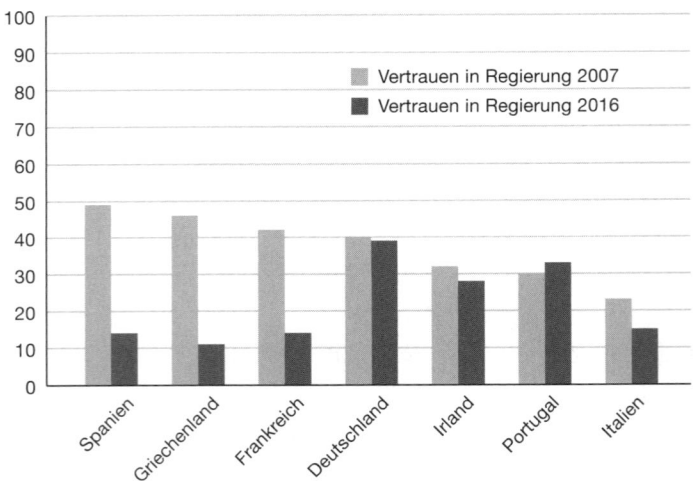

Vertrauen in Regierung 2007
Vertrauen in Regierung 2016

Spanien · Griechenland · Frankreich · Deutschland · Irland · Portugal · Italien

Quelle: Eurobarometer

Medien geht es auch nicht besser: Die Hälfte der Bundesbürger misstraut Zeitungen und Zeitschriften.[76] Ernste Symptome: Gesellschaften, deren Institutionen kein Vertrauen mehr genießen, verlieren ihre Steuerungsfähigkeit. Sie werden korruptionsanfällig und konfliktgeschüttelt.

In offenen Gesellschaften müssen Eliten ihre herausgehobenen Positionen durch Leistung für die Gesellschaft legitimieren. Breite Mehrheiten erwarten, dass ihre Lebensstandards steigen, zumindest aber abgesichert sind, dass drängende Probleme gelöst werden und dass die Führungsfiguren sich ehrlich der Öffentlichkeit erklären.

In der Realität jedoch erleben die Bürger etwas anders: Die Einkommen der Mehrheit stagnieren inflationsbereinigt seit langem. In vielen Ländern hat sich die Arbeitslosigkeit seit der Finanzkrise verfestigt; Teile der Mittelschichten in Italien oder Frankreich sind von Abstieg bedroht, zumal in ländlichen Regionen (siehe Kapitel 2). Drängende politische Probleme – wie die

Euro- und die Flüchtlingskrise – werden nicht gelöst, sondern vertagt. Bestenfalls.

Währenddessen ergehen sich Politiker weiterhin in ihren Machtspielchen. Medien blasen aufgeregt Nichtigkeiten zu Großereignissen auf. Manager und Unternehmer gehen auf Tauchstation und halten sich möglichst aus öffentlichen Belangen heraus. Entsprechend groß sind die Spielräume für Populisten, die einfache Antworten auf komplexe Probleme versprechen. So irreal ihre Angebote sein mögen, über die sozialen Netzwerke finden sie ihr Publikum. Die Edelman-Studie zeigt, dass quer durch die analysierten Länder nur 15 Prozent der Bürger zur »informierten Öffentlichkeit« zählen, die Qualitätsmedien nutzt. 85 Prozent hingegen informieren sich primär über Internet, Social Media und (privates) Fernsehen: Sie bewegen sich in einer polarisierten Medienwelt, die nur noch verengte, häufig ungeprüfte Ausschnitte der Realität widerspiegelt. Nicht gerade ein vertrauensbildendes Panorama.

Es läuft wahrlich nicht alles rund im globalen Kapitalismus. Aber das Drama, das derzeit im großen Nationaltheater aufgeführt wird, hat mit der messbaren Realität wenig zu tun. Zerrbilder schwirren durch die Kulissen, untermalt von düsterem Untergangsgedröhne. Wenn bereits die Bestandsaufnahme nicht stichhaltig ist, dann können es auch die vorgeschlagenen Auswege kaum sein. Die Grenzen dichtzumachen für Zuwanderer, den globalen Wettbewerb einzuschränken, internationale und europäische Institutionen zu schleifen – all das mehrt weder den Wohlstand, noch schafft es Sicherheit und Frieden. Dennoch fällt es den traditionellen Eliten schwer, sich gegen die populistische Herausforderung zu behaupten. Statt den Neu-Nationalen entschlossen gegenüberzutreten, übernehmen sie manche Deutung und Forderung. Die Rhetorik hat sich verschärft. Den populistischen Herausforderern ist es gelungen, das gesamte politische Spektrum zu verzerren. Warum eigentlich? Warum lässt sich das politökonomische Establishment derart in die Enge treiben? Wieso verfangen Argumente nicht mehr? Welche Mechanismen sind am Werk? Fragen, auf die dieses Kapitel Antworten sucht.

PESSIMISMUS SCHÜRT ZYNISMUS

Eine derzeit verbreitete Erklärung für das Erstarken des Populismus lautet, dass viele Leute in wirtschaftlich bedrängter Lage lebten. Ähnlich wie in der großen Depression der 1930er Jahre, so liefen viele Länder auch jetzt Gefahr, dass infolge einer ausgedehnten Wirtschaftskrise die politische Vernunft unter die Räder komme – womöglich sogar die Demokratie. Ein Argument, das nicht wirklich stichhaltig ist. Zum einen ist der Vergleich mit der großen Depression irreführend; von einer Verarmung breiter Bevölkerungskreise ist bislang wenig zu sehen, auch wenn die Verteilungsergebnisse in vielen westlichen Ländern durchaus Grund zur Besorgnis geben (siehe Kapitel 2). Zum anderen sind in vielen Ländern große Mehrheiten der Bürger keineswegs unglücklich. Dass Angst, Frust und Verzweiflung ein Massenphänomen seien, lässt sich wahrlich nicht sagen. So gaben im Frühjahr 2016 beeindruckende 80 Prozent der EU-Bürger an, sie seien mit ihrem Leben zufrieden. Sicher, es gab einige ärmere Länder, in denen die schlechte Wirtschaftslage den Menschen aufs Gemüt drückte, Griechenland und Bulgarien beispielsweise. In Westeuropa jedoch war der Grundton ganz überwiegend positiv und optimistisch. Insbesondere in Großbritannien, wo 44 Prozent der Bürger angaben, sie seien »sehr zufrieden«, weitere 49 Prozent seien »ziemlich zufrieden«, wie die Eurobarometer-Umfragen zeigen. Auch das Urteil über ihre persönliche wirtschaftliche Lage fiel mehrheitlich positiv aus: Im EU-Schnitt gaben zwei Drittel der Befragten an, ihre finanzielle Situation sei gut (Großbritannien: 81, Deutschland: 82 Prozent). Immerhin 58 Prozent fanden ihren Job in Ordnung (Großbritannien: 61 Prozent, Deutschland: 68 Prozent). Auch was die nähere Zukunft anging, herrschte nicht gerade Panikstimmung. Ob Arbeit, Geld oder Leben – viele glaubten, in den folgenden zwölf Monaten werde sich ihre Lage verbessern.

Wem es nach eigenem Bekunden gutgeht, der möchte am liebsten alles genau so lassen, wie es ist. Sollte man jedenfalls meinen. Tatsächlich aber passierte etwas anderes: Im Juni 2016 stürzte eine Mehrheit der Engländer ihr Land in ein Großabenteuer namens Brexit. Andere Nationen könnten ihnen folgen. Warum bloß? Die Antworten darauf haben enorme Bedeutung, nicht nur für das Vereinigte Königreich, sondern für Europa insgesamt.

Die Umfragen zeigen, dass es eine weite Kluft gibt zwischen dem Empfinden der persönlichen Situation und dem Blick auf die Gesellschaft insgesamt. So zufrieden und optimistisch sich die Europäer geben mögen, wenn es um ihr ganz privates Dasein geht – was den Zustand des Landes, der Wirtschaft, Europas insgesamt betrifft, sind die Europäer von Düsternis umwölkt. Nur ein Viertel der EU-Bürger findet, dass in ihrem jeweiligen Land die Dinge in die richtige Richtung laufen. Noch skeptischer sind viele Menschen, was die EU insgesamt betrifft. In Großbritannien war die Stimmung übrigens keineswegs am miesesten. Abbildung 8 zeigt, dass in allen betrachteten Ländern Mehrheiten mit ihrer eigenen Situation zufrieden sind (auch wenn die Werte für Italien bedenklich niedrig sind, nach Jahren des ökonomischen Niedergangs und der realen Einkommensverluste quer durch alle Einkommensgruppen, siehe Kapitel 2). Zugleich jedoch sind die meisten Menschen pessimistisch, was die weitere Zukunft Europas und ihres jeweiligen Landes angeht.

Die Europäer individuell mögen mehrheitlich recht glückliche Zeitgenossen sein – aber Europa insgesamt ist kein glücklicher Kontinent. Ein tiefes Unbehagen hat sich breit gemacht. Die Lage der Wirtschaft und insbesondere die des Arbeitsmarktes halten

8. Alles schlecht – aber mir geht's gut

Nettooptimismus: Lebenszufriedenheit privat, Nationen bzw. EU auf dem richtigen Weg? Positive minus negative Antworten

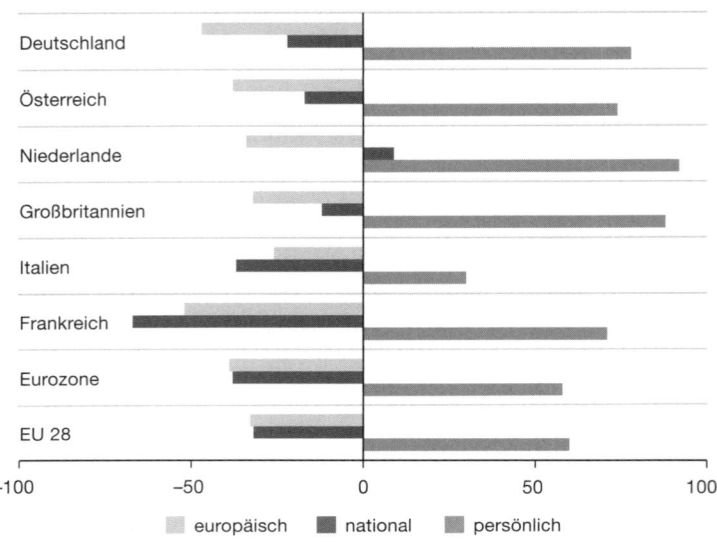

Quelle: Eurobarometer, eigene Berechnungen

die EU-Bürger für miserabel. Viele erwarten für die Zukunft weitere Verschlechterungen. Warum klafft eine so große Lücke zwischen dem persönlichen Erleben und dem gesellschaftlichen Empfinden?

Wenn das Private und das Politische derart kollidieren, kann das gravierende politische Folgen haben. Dies zeigt sich an Großbritannien. Dass die Engländer mehrheitlich für den Ausstieg aus der EU votierten, lässt sich folgendermaßen erklären: Sie wollten aus einer sicheren persönlichen Position heraus einen Wechsel des politischen Kurses herbeiführen. Irgendwohin. Hauptsache anders. Weil es so anscheinend nicht weitergehen kann.

Pessimismus schürt Zynismus. Und zwar unter Leuten, denen es nach eigenem Bekunden gut geht. Das 1930er-Jahre-Szenario, als der ökonomische Absturz von großen Teilen der Bevölkerung zur politischen Radikalisierung führte, passt nicht auf die Gegenwart. Die Stagnation der Einkommen mag den Europäern auf die Laune drücken. Aber das genügt nicht, um die fatalistische Grundhaltung zu erklären. Besonders düster ist die Stimmung derzeit in Frankreich. Mit ihrem eigenen Leben sind die Franzosen ziemlich zufrieden; die Werte liegen etwa im EU-Schnitt. Doch 90 Prozent halten die Lage auf dem heimischen Arbeitsmarkt für schlecht; 85 Prozent sehen die Wirtschaft in schlechtem Zustand; 76 Prozent finden, das Land entwickle sich in die falsche Richtung. Kein Wunder, dass viele dem rechtspopulistischen Front National folgen. In Österreich wähnen Mehrheiten ihr Land und die EU insgesamt auf falschem Kurs. Bemerkenswert: Obwohl sie mit ihrer persönlichen wirtschaftlichen Lage hochgradig zufrieden sind, schätzen sie die Arbeitsmarktsituation als schlecht ein.

Und Deutschland? Die Bundesbürger unterscheiden sich insofern von den übrigen Europäern, als sie nicht nur ihre eigene Situation, sondern auch die Wirtschaftslage im Land als gut beurteilen. Doch beim Blick in die Zukunft wird ihnen mulmig, nicht unbedingt für sich persönlich, wohl aber fürs Gemeinwesen: 46 Prozent sehen Deutschland auf falschem Kurs, 60 Prozent die EU. Nach Jahren, in denen Angela Merkel die Bundesbürger in Sicherheit gewiegt hat, hat sich eine negativ gefärbte Stimmung aufgebaut.

Es stimmt ja, Europa gibt kein gutes Bild ab. Die Eurokrise schwelt immer weiter. Die Konjunktur kommt nur schwer in Gang. Viele Banken sind in jämmerlichem Zustand. In der Flüchtlings- und überhaupt in der Zuwanderungspolitik ist Europa heillos zerstritten. Übrigens auch, was den Umgang mit Russland angeht. Dass Großbritannien, die zweitgrößte EU-Volkswirtschaft, nun den Ausstieg probt, macht die Lage auf dem Kontinent auch nicht einfacher. Dazu kommt die Serie von Anschlägen, die für fundamentale Verunsicherung sorgen, zumal wenn Attentate von Immigranten begangen werden. In vielen Ländern sind Zuwanderung und Terror inzwischen die mit Abstand wichtigsten Themen. Das dürfte sich in insgesamt pessimistischeren Zukunftserwartungen niederschlagen, auch für die Wirtschaft. Europa hat zweifellos schon bessere Zeiten gesehen.

Und dann sind da auch noch die Scharfmacher. Quer durch die EU-Staaten erstarken populistische Oppositionspolitiker, die die Welt übertrieben negativ malen. Alles ganz schlimm: Überfremdung, Verbrechen, Arbeitsmarkt, Fremdherrschaft aus Brüssel, dröhnt es von Rechts. Alles ganz furchtbar: unerträgliche Sparzwänge, Erdrosselung der Wirtschaft, Fremdherrschaft durch das Kapital, tönt es von Links. Beide Seiten teilen die Überzeugung, die jeweilige Nation befinde sich in einem Selbsthauptungskampf. Das mag mit der individuell erlebten Realität kaum etwas zu tun haben. Es funktioniert aber trotzdem. Denn das abstrakte große Ganze – Gesellschaft, Volkswirtschaft, Europa – können wir uns ohnehin nicht durch eigene Sinneswahrnehmung erschließen. Wir wissen, wie es uns selbst, unseren Freunden, Verwandten und Nachbarn geht. Aber wie sich unsere Gesellschaften, bestehend aus zig Millionen Menschen, entwickeln, das können wir mit eigenen Sinnen nicht erfassen. Deshalb folgen wir Erzählungen, die unser Bild von der Welt prägen. Sie können – und sollten! – auf Fakten basieren. Müssen sie aber nicht. Populisten machen sich das zunutze. Eine saftige Geschichte entwickelt ihre eigene suggestive Kraft, ob sie der erlebten Realität entspricht oder nicht.

FAKTEN? FIKTIONEN? EGAL!

Offensichtlich klafft da eine gewaltige Lücke: zwischen individuellem Erleben und gesellschaftlichem Empfinden, zwischen Fakten und Vorurteilen. Populisten treten an, diese Lücke zu vergrößern – indem sie ein Zerrbild von Überfremdung, Fremdherrschaft und Ungerechtigkeit zeichnen. Und um dann diese Lücke zu füllen mit unhaltbaren Versprechen: Hört nicht auf die Warnungen der Experten! Die Eliten beuten euch ohnehin nur aus! Verlasst euch auf den gesunden Menschenverstand!

350 Millionen Pfund pro Woche überweise Großbritannien an die EU, tönten die Brexiteers, das Geld könne man sich sparen und besser daheim für Soziales ausgeben. Das britische Statistikamt widersprach den Zahlen. Ohne Erfolg: Die Brexit-Kampagne nutzte sie dennoch weiter. Das Londoner Finanzministerium ließ einen detaillierten 200-Seiten-Bericht über den Nutzen der EU-Mitgliedschaft und die potenziellen Kosten eines Ausstiegs erstellen. Egal. »Let's take back control!« Wir wollen unser Land zurück! Als der Londoner Zentralbankchef Mark Carney öffentlich vorrechnete, dem Königreich und seinen Bewohnern drohe ein herber Rückgang des Lebensstandards, weil bei einem Brexit ausländische Kapitalgeber womöglich Reißaus nähmen, wurde er wegen »scaremongering« (etwa: Bangemachen) beschimpft. Michael Gove, der für den EU-Ausstieg kämpfende damalige Justizminister, ließ wissen, dass »die Menschen in diesem Land genug haben von Experten«. *F*** the facts, enjoy the ride!*

Streng rational betrachtet, hätten die Briten in der EU bleiben sollen. Die Argumente der EU-Befürworter lagen auf der Hand: Der Brexit gefährdet den Wohlstand. Denn ob die Inselökonomie weiterhin Teil des Binnenmarktes sein kann, ist zweifelhaft, zumal, wenn die Freizügigkeit mit der EU eingeschränkt wird, wie von den Ausstiegsbefürwortern gefordert. Dazu kommen politische Erwägungen: Selbst wenn Großbritannien den Zugang zum EU-Binnenmarkt behält, sitzen seine Gesandten in Brüssel nicht mehr im Ministerrat und im Parlament. Die einstige Weltmacht darf in Europa nicht mehr mitreden, müsste sich aber EU-Entscheidungen beugen. Im globalen politischen Spiel der Riesenmächte, in dem sich schon die EU als Ganzes schwertut, wird die Insel auf sich gestellt überhaupt keine Rolle mehr spielen. Dass auch im Innern Ungemach drohte, war lange vor dem Referendum klar: Die Abspaltung der Europa-affinen Schotten vom Vereinigten Königreich war von Anfang an eine reale Option.

Gigantische Risiken, hohe Kosten – aus reiner Vernunft hätte der Brexit keine Option sein sollen. Aber die Gefühlslage war eben eine andere. Wer sich etwas näher mit der Stimmung in der EU insgesamt befasst, stellt fest, dass die Briten keineswegs allein stehen mit ihrer Skepsis, und dass es eine Menge europäischer Nationen gibt, die durchaus ähnliche Vorbehalte hegen – sodass die Befürchtung keineswegs abwegig ist, andere Länder könnten dem britischen Ausstiegsbeschluss folgen. Bedenklich hohe Zustimmungsraten für einen Austritt gibt es auch in Österreich, Slowenien, Tschechien, Kroatien, Griechenland und Zypern. 59 Prozent der Briten sagten kurz vor dem Brexit-Referendum, sie hätten kein Vertrauen in die EU. Aber: Unter Deutschen und Franzosen waren ebenso viele dieser Ansicht.

Früher war Großbritannien die große Ausnahme: die auf sich selbst bezogene Inselnation, die sich einem Kontinent voller Euro-Optimisten gegenüber sah. Inzwischen ist das anders. Skepsis und Absetzbewegungen sind überall in der EU erkennbar. Sogar in süd- und osteuropäischen Ländern, die enorm von Überweisungen aus den Gemeinschaftskassen profitieren, gibt es Entfremdungserscheinungen. Und selbst im harten Kern der EU – in Deutschland, Frankreich, den Niederlanden – ist eine bedenkliche Anti-Europa-Stimmung messbar. Kein Wunder: Die Kette der ungelösten Krisen, von der Euro- über die Ukraine- bis zur Flüchtlingskrise, hat das Vertrauen in die Handlungsfähigkeit der EU unterminiert.

Mit den Gefühlen der Nationen lässt sich Politik machen. Populistische Parteien können sie ausnutzen und anstacheln. Dass der damalige britische Premier David Cameron sich überhaupt gezwungen sah, ein Referendum abzuhalten, war nicht zuletzt den Wahlerfolgen der radikal-englischen UKIP geschuldet, die auch seine Tories nach rechts gedrängt hatte. In Frankreich zittert das Politestablishment vor Front-National-Anführerin Marine Le Pen, die verspricht, ihr Land wieder zu angestammter Größe zu führen, möglichst außerhalb von Europäischer Union und gemeinsamer Währung. In Finnland forderte ein Volksbegehren den Austritt aus dem Euro. Der Brexit könnte die Blaupause für andere liefern. Schon bald könnte Europa ganz anders aussehen: verfallende Institutionen, bröckelndes Territorium, gesenkte Schlagbäume. Es wäre eine Tragödie – der Triumpf der Erzählung über die Zahlen.

UNSER TÄGLICHES DRAMA

Der moderne Populismus braucht keine revolutionäre Stimmung, keine bedrängten oder gar verelendeten Massen. Es braucht keine Not, um Furcht zu säen. In einer hochgradig komplexen Gesellschaft genügt es, die Atmosphäre dahingehend zu beeinflussen, dass sich Menschen bedrängt fühlen, auch wenn sie es nach eigenem Bekunden aktuell nicht so erleben. In einer empirischen Analyse der Beweggründe der Anhänger der flämischen Nationalisten kommen die Politologen Mark Elchardus und Bram Spruyt zu dem Ergebnis, dass deren Unterstützer vor allem eine »sehr negative Sicht auf die Entwicklung der Gesellschaft« hätten und einem »Deklinismus« – einem Abstiegsnarrativ – folgten, verbunden mit dem »Gefühl, zu einer Gruppe von Menschen zu gehören, die unfair von der Gesellschaft behandelt wird«.[77] Erzählungen, über Medien verbreitet und mit wirkmächtigen Bildern versehen, können stärker sein als Fakten. Sie können die mess- und erlebbare Wirklichkeit überstrahlen, ja sogar das eigene Erleben in ein neues Licht setzen.

Populismus ist kein festgefügtes Gedankengebäude. In den vergangenen Jahrzehnten waren diverse Spielarten zu beobachten: links oder konservativ, internationalistisch oder nationalistisch, demokratisch oder autoritär. Politikwissenschaftler haben ihn als »dünne Ideologie« bezeichnet.[78] Bei allen Unterschieden in den

Erscheinungsformen gibt es doch einige gemeinsame Merkmale, die populistische Politik auszeichnen:

Erstens: Populismus versucht, große Koalitionen aus sozialen Gruppen und Milieus zu einem großen Ganzen zusammenzuschweißen. Er zielt darauf ab, ein großes Wir der normalen Leute zu konstruieren, die ein gemeinsames Schicksal teilen. Je nach Ausprägung setzt er dazu auf ideologische, religiöse, nationale oder ethnische Identifikationspunkte.

Zweitens: Populismus braucht Gegner, irgendwelche Antagonisten, die angeblich den normalen Leuten ein besseres Leben vorenthalten. Solche Volksfeinde können Eliten im Regierungsapparat und in großen Unternehmen, in europäischen und internationalen Institutionen sein, ebenso wie ethnische Minderheiten, andere Nationen oder deren Anführer.

Drittens: Populismus setzt auf simplifizierende Narrative, die für eigentlich komplexe Probleme einfache Lösungen anbieten. Kosten und Nebenwirkungen derartiger Maßnahmen werden regelmäßig vernachlässigt.

Viertens: Negativität und Dramatisierung prägen den Kommunikationsstil. Der Zustand der Welt außerhalb der Reichweite populistischer Führungsfiguren wird als verkommen und korrupt dargestellt. Dadurch wird eine verzerrte Version der Wirklichkeit konstruiert, die darauf abzielt, dass nur die jeweiligen populistischen Führungsfiguren in der Lage sind, die Dinge zu ändern.

In gewisser Weise gehört Populismus zum demokratischen Politikbetrieb. Um Mehrheiten zu gewinnen, müssen Politiker Komplexität reduzieren. Nur dann sind sie in der Lage, sich breiten Bevölkerungsgruppen verständlich zu machen. Ob Wirtschafts-,

Sozial-, Außen-, Sicherheits- oder Migrationspolitik – je komplexer die Thematik, desto verkürzter und zugespitzter müssen Politiker sich äußern, wenn sie die Bürger erreichen wollen.

Ein rein sachorientierter, technokratischer Politikstil mag eine Zeitlang erfolgreich sein, wenn die Aufgabe darin besteht, drängende Probleme zu lösen. Regierungen, wie die des ehemaligen EU-Kommissars und Ökonomieprofessors Mario Monti in Italien, der auf dem Höhepunkt der Eurokrise zeitweise in Rom das Ruder übernahm, können notwendige Weichenstellungen vornehmen. Auf Dauer aber sind sie selten tragbar. Demokratische Politiker müssen auf die Sorgen der Bevölkerung eingehen, Erklärungsmuster anbieten und Lösungsansätze durchsetzen.

Ein gewisses Maß an Populismus kann deshalb förderlich sein für die Demokratie, wenn nämlich die Vereinfachung vielschichtiger Probleme und die Förderung eines Wir-Gefühls dafür sorgen, dass ein Staat auf Kurs gehalten wird. Schwierig wird es, wenn Populisten auf schroffe Abgrenzung gegenüber vermeintlichen Antagonisten setzen: die Ausländer, die Muslime, die Mexikaner, die Eliten, die Griechen, die Roma, die Banker, Brüssel, Washington, der Internationale Währungsfonds. Sündenböcke vorführen und Unfrieden stiften, gefühlte Probleme aufblähen statt für tatsächliche Probleme tragfähige Lösungen finden – so lassen sich ganze Gesellschaften in die Irre führen.

Letztlich geht es um eine ganz grundsätzliche Frage: Wofür sind Staaten überhaupt da? Zuallererst dafür, Gesellschaften zu befrieden. Wo es keine funktionierenden Institutionen gibt, wo Rechte nicht klar zugewiesen sind, wo Pflichten nicht durchgesetzt und Minderheiten nicht geschützt werden, da gilt das Recht des Stärkeren. Aggression und Gewalt können sich ungehindert Bahn brechen. So wie es Thomas Hobbes in seinem Werk *Leviathan* drastisch beschrieben hat: Ohne ordnenden Staat kommt das Wölfische im Menschen zum Vorschein. Hobbes war geprägt von den Erfahrungen des englischen Bürgerkriegs in den 1640er

Jahren. Auch heute gibt es genug Beispiele dafür, was aus Gesellschaften wird, deren Staatswesen zusammenbricht – vom zerfallenden Jugoslawien Anfang der 1990er Jahre bis Afghanistan und Irak in der Gegenwart.

Politik sollte befriedend und zivilisierend wirken. Nach innen und nach außen. Wer hingegen die Konflikte anheizt, kann gefährliche Emotionen hervorrufen. Auch geordnete Staatswesen sind davor nicht gefeit. So hat in Polen die Zahl der gewalttätigen Übergriffe gegen Ausländer stark zugenommen. Offenkundig eine Folge der immigrantenfeindlichen Rhetorik der regierenden nationalkonservativen PiS-Partei.[79] Auch in Großbritannien kam es häufiger zu Gewalttaten gegen Zuwanderern, insbesondere polnischen EU-Bürgern. Offenkundig eine Folge der Brexit-Kampagne, bei der die Angst vor Überfremdung eines der dominierenden Themen war. Im US-Wahlkampf forderte Al Baldasaro, einer von Donald Trumps Beratern, Hillary Clinton solle »wegen Hochverrats erschossen werden«.[80] Eine Äußerung, die in einem Land, in dem in den vergangenen Jahrzehnten Attentate auf Präsidenten und Präsidentschaftskandidaten (John F. und Robert Kennedy, Ronald Reagan) verübt wurden, durchaus ernst genommen wird. Populismus in seiner hässlichen Form ist gefährlich. Dazu braucht es keine verbrecherische Diktatur. Auch Worte können verheerende Wirkungen haben.

WARUM HÖREN WIR DEN POPULISTEN ÜBERHAUPT ZU?

Eigentlich ist das Erstarken des Populismus überraschend. Nie waren mehr Menschen so gebildet wie heute. Im Durchschnitt der OECD-Länder haben rund 80 Prozent der Bürger im Alter zwischen 15- und 64 Jahre mindestens eine berufsbildende Ausbildung absolviert. 28 Prozent verfügen sogar über einen Universitätsabschluss.[81] Komplexe Themen und Problemstellungen zu erfassen und sich dazu eine differenzierte Meinung zu bilden sollte dem Gros der westlichen Bevölkerungen eigentlich nicht schwerfallen. Hohle Sprüche sollten sie mit Leichtigkeit durchschauen können, kurzschlüssige Argumente und falsche Alternativen als solche erkennen. Wieso schaffen es die Populisten dennoch zu punkten? Weshalb hören ihnen Menschen überhaupt zu? Warum stellen sie überhaupt eine ernstzunehmende Herausforderung dar?

Die Antwort liegt im Zusammenspiel von Politik und Medien. Als massenorientierter Politikstil braucht Populismus Massenmedien. Typischerweise bemühen sich Populisten, die an die Regierung kommen, zuallererst Einfluss auf Fernsehen und Radio zu gewinnen, wie sich in den vergangenen Jahren in Ungarn und in Polen gezeigt hat. Wer die Massenmedien kontrolliert, kann in die Köpfe der Menschen eindringen: große gesellschaftliche Narrative, suggestive Bilder. Wer ein Gefühl der nationalen Einheit herstellen und ein kollektives Bewusstsein schaffen will, der muss in der Lage sein, allen die gleichen Geschichten und Bilder zu vermitteln. So entsteht eine mediale Realität, deren gefühlter Wahrheitsgehalt allein deshalb steigt, weil viele Menschen die gleichen Medienangebote nutzen: Man versichert sich unwillkürlich gegenseitig der Wahrheit des Gesehenen und Gehörten.

Allerdings braucht es keineswegs eine mit harter Hand durchgesetzte Gleichschaltung der Medien. Das Spiel läuft subtiler. Um erfolgreich zu sein, benötigen Populisten lediglich die »Komplizenschaft der Medien«, wie es der italienische Kommunikationswissenschaftler Gianpietro Mazzoleni formuliert. Und die stellt sich auch in marktgetriebenen Mediensystemen ein. Ein Populismus, der durch Kollaboration zwischen Politik und Medien erfolgreich ist, braucht keine sinistere Verschwörung, keinen Werteverfall, keine dunklen Mächte. Es braucht nicht mal explizite Absprachen. Implizite »Komplizenschaft« genügt.

Die gegenwärtigen Erfolge des Populismus erklären sich denn auch aus den rationalen Kalkülen von Politikern und Medienunternehmen – aus kalten politökonomischen Interessen. Aufmerksamkeit ist die Währung, in der beide Seiten handeln. Politiker, von denen die Öffentlichkeit keine Notiz nimmt, bekommen keine Stimmen. Medien, die nicht eingeschaltet, gekauft, geklickt werden, haben keine Einnahmen. Beiden, Politik und Medien, geht es darum, irgendwie beachtet zu werden im großen Rauschen der Sender, Websites, Zeitungen, Apps und sozialen Medien. Irgendwie vorzukommen im schier unüberschaubaren Angebot aus Unterhaltung, Spielen, Sport, Musik, Klatsch, Tweets, Posts, Privatem, politischem Aktivismus und klassischer Politik … Ein Hyperwettbewerb ist ausgebrochen um die – naturgemäß – begrenzte Zeit der Medienkonsumenten, sprich: der Bürger. Sechs Stunden Freizeit haben Deutsche im Durchschnitt pro Tag. Davon verbringen sie rund dreieinhalb Stunden mit der Nutzung von Medien.[82] Um dieses Zeitbudget konkurriert eine immer weiter wachsende Zahl von Angeboten.

Früher war das anders. In den westlichen Demokratien der Nachkriegsjahrzehnte gab es ein ziemlich stabiles politmediales Gefüge. Wenige Parteien dominierten die politische Sphäre. Wenige große Fernsehprogramme, Zeitungen und Zeitschriften stellten die Verbindung zu den Bürgern her. Es war ein doppeltes Oligopol. Gemeinsam spannten sie das auf, was man Öffentlichkeit nennt. Aus Sicht der Konsumenten war die Auswahl gering. Entsprechend brauchten sich weder die Anbieter von Politik noch die Anbieter von Journalismus viele Gedanken darüber zu machen, ob sie Beachtung finden würden. Die Währung, in der damals gehandelt wurde, war Vertrauen. Um ernstgenommen zu werden, mussten Politiker auf dem Feld der Kompetenz konkurrieren. Die Medien wiederum lieferten sich einen oligopolistischen Wettbewerb um Qualität; Unabhängigkeit demonstrierten sie durch kritische, aufwändig recherchierte Geschichten. Auf beiden Seiten war Seriosität Pflicht.[83] Sicher, es gab einige Boulevard-zeitungen, die gelegentlich über die Stränge schlugen und einer Art Medienpopulismus frönten. Zeitungen und Zeitschriften, die sich am Kiosk verkaufen müssen, kommen emotional aufgeladen daher. Entsprechend erzählen sie lieber anrührende Geschichten über einzelne Menschen und deren Schicksale. Politische, wirtschaftliche oder soziale Themen nehmen sie tendenziell in einer vereinfachten Schwarz-weiß-Weltsicht wahr. Ähnlich wie populistische Politiker neigen sie zu negativ gefärbten Dramatisierungen und nehmen häufig einen Underdog-Blickwinkel ein, der den Eliten kritisch bis anklagend gegenübersteht.[84] Aber Boulevardblätter bestimmten in jener Zeit nicht die Politik. Populisten hatten in diesem Umfeld wenig Chancen. Es fehlte ihnen der Resonanzboden, über den sie die Öffentlichkeit erreichen konnten.

Wie gesagt, das ist Vergangenheit. Technologische und regulatorische Veränderungen haben die Medienlandschaften drastisch verändert. Privatfernsehen, Internet und Smartphones haben das Angebot an medialen Inhalten um Dimensionen vergrößert. Es ist kein Zufall, dass der Privatfernsehunternehmer Silvio Berlusconi in den 1990er Jahren zum ersten populistischen Regierungschef Westeuropas aufstieg. Wobei Berlusconi gemessen an den heutigen Auswüchsen nicht gerade als Scharfmacher gelten kann, eher als jemand, mit dem ein bis dahin unbekannter Grad an Trivialität und Frivolität in die Politik Einzug hielt und der ansonsten schwierigen Themen, dringend nötigen strukturellen Reformen etwa, konsequent auswich.

Seit der Jahrtausendwende hat die Digitalisierung die Medienmärkte radikal verändert. Aus einem einst geordneten Ringen der Wenigen ist ein lautes Raufen der Vielen geworden. Traditionellen Qualitätsmedien sind durch die Digitalisierung Einnahmen, insbesondere aus dem Anzeigengeschäft, weggebrochen. Medienunternehmen reagieren mit Sparmaßnahmen, die die Möglichkeiten für hochwertigen Journalismus weiter einengen. Währenddessen prasselt eine immer größere Menge von Inhalten auf die Nutzer ein – Spiele-Apps, Youtube-Clips, Blogs, Chats, Bilder –, die alle versuchen, ein Stück von der Mediennutzungszeit der Konsumenten abzubekommen. Aggregatorseiten »kuratieren« Nachrichteninhalte (übernehmen sie also von klassischen Zeitungen und Sendern) und vermengen sie mit lustigen Fundstücken aus den sozialen Netzwerken und »Native Advertising« (Werbung in redaktionellem Gewand). Ein schwieriges Umfeld für die Anbieter von harten News und tiefrecherchierten Geschichten. Nicht, dass es keinen guten Journalismus mehr gäbe. Aber er ist nicht mehr bestimmend für die großen Erzählungen unserer Gesellschaften.

Ein Herdenverhalten wird sichtbar, insbesondere bei Online-Angeboten. Themen, die gerade Konjunktur haben, finden sich fast überall. Auf hohem Erregungsniveau werden aktuelle Nachrichten verhandelt, dominieren zeitweise die Öffentlichkeit – bevor das nächste Thema die Herde dazu veranlasst, kollektiv ihre Richtung zu ändern. Mediale Herdentriebe sind ein Resultat des Aufmerksamkeitswettbewerbs unter harten Kostenrestriktionen: Wer auf den Wellen der Themenkonjunkturen reitet, kann sich des Interesses des Publikums ziemlich sicher sein. Eigene, teure Recherchen sind kaum nötig. Es genügt abzuschreiben, zu verweisen, zu zitieren, bestenfalls noch ein, zwei kleine Puzzlestücke selbst dazuzurecherchieren. Wer stattdessen versucht, die Aufmerksamkeit auf eigene, originelle Geschichten zu lenken, läuft ein höheres Risiko: Womöglich amortisieren sich seine Rechercheinvestitionen nicht, weil das Thema am Ende doch kaum jemanden interessiert.

DIE LÄRMSPIRALE

Eine Medienlandschaft, die vom Hyperwettbewerb um Aufmerksamkeit durchzogen ist, stellt für Populisten ein ideales Spielfeld dar.[85] Wem es gelingt, die mediale Herde in seine Richtung zu locken, kann mit maximaler Aufmerksamkeit rechnen. Die vier Merkmale des politischen Populismus – Simplifizierung, Dramatisierung, das Heraufbeschwören von Feindbildern sowie das antielitäre »Wir-hier-unten-gegen-die-da-oben«-Schema – funktionieren prächtig in diesem Umfeld. Sie sind leicht zu verstehen, emotional, womöglich gar aufregend. Über die sozialen Medien lassen sich Herdentriebe zu äußerst geringen Kosten lostreten. Die seriösen Journalisten, die als »Gatekeeper« das Tor zur Öffentlichkeit bewachten und Unsinn von Wertvollem trennten, gibt es längst nicht mehr. So bediente sich Donald Trump im US-Wahlkampf exzessiv des Kurznachrichtendienstes Twitter, um sich ständig im Gespräch zu halten – unter Umgehung klassischer Medien, die sich dann allerdings regelmäßig beeilten, auf seine Einlassungen einzusteigen.

Populistisches Politentertainment hat einen klaren Wettbewerbsvorteil gegenüber seriösen, abgewogenen Analysen und kritischer, originärer Berichterstattung. Medienunternehmen, die sich darauf konzentrieren, Einnahmen durch Aufmerksamkeit zu generieren, benötigen womöglich gar keinen Journalismus im engeren Sinne mehr. Wenn Populisten die aufregendste Politshow in der Arena bieten, besteht womöglich die beste Strategie darin, sich einfach live bei Wahlkampfveranstaltungen einzuschalten. Auch liberale Nachrichtenkanäle wie CNN und MSNBC, eigentlich Trump-kritisch, zeigten bereitwillig und ausgiebig seine Auftritte. Die ganze Absurdität des Spektakels wurde Mitte Mai 2016 offensichtlich, als die drei großen Nachrichtensender CNN, Fox News und MSNBC darauf verzichteten, eine Rede Hillary Clintons zu übertragen und sich stattdessen vorzeitig bei einer parallel stattfindenden Trump-Veranstaltung in North Dakota zuschalteten: Sie zeigten zunächst das leere Podium – Warten auf Trumps verbale Eskalationsrhetorik versprach einfach die besseren Quoten als eine abgewogen programmatische Rede Clintons.

Eine abwegige Behauptung oder eine skrupellose Forderung in die Welt zu setzen ist aus Sicht eines aufmerksamkeitsmaximierenden Politikers eine durchaus rationale Strategie: Verlässlich springt die Erregungsmaschine an. Kritiker echauffieren sich. Journalisten wenden Fakten hin und her. Und die ganze Zeit über steht der Urheber im Zentrum des Interesses. Eine Lärmspirale setzt ein, wobei der kalkulierte Tabubruch zum Geschäft gehört. Damit die Erregungsmaschine weiterhin Aufmerksamkeit produziert, muss sie mit immer neuen, immer extremeren Einlassungen gefüttert werden. Jörg Haider, der frühere Anführer der österreichischen FPÖ, war einer der Pioniere dieser Strategie. Frauke Petry, die Vorsitzender der AfD, brachte im Frühjahr 2016 per Zeitungsinterview einen Schießbefehl an deutschen Grenzen ins Gespräch, um ungebremste Zuwanderung zu verhindern. Kurz darauf setzte die AfD-Europaparlamentarierin Beatrix von Storch noch einen drauf, indem sie nahelegte, auch auf Frauen und Kinder müsse geschossen werden (das mit den Kindern nahm sie später zurück). Eine medial durchaus erfolgreiche Volte: Tagelang debattierte Deutschland über die Einlassungen der beiden AfD-Frauen.

Warum bloß spielen alle dabei mit? Wieso wird jeder Mist berichtet, skandalisiert und aufgeblasen? Weil alle Beteiligten etwas davon haben. Die Medien springen auf Geschichten an, die die Zuschauer erregen, egal ob zustimmend oder ablehnend. Politische Kontrahenten und Experten, die sich kommentierend zu Wort melden, bekommen ein Stück von der Aufmerksamkeit ab.

Die Lärmspirale, einmal in Schwung, hat das Potenzial, das gesellschaftliche Klima zu vergiften: Beleidigung und Diffamierung, Angst und Schrecken, Fremdenfeindlichkeit, Vorurteile und Sexismus – nichts ist unmöglich. Schritt für Schritt droht eine Brutalisierung des politischen Diskurses. Ein gefährliche Gewöhnung ans Infame ist die Folge. Was zuvor unsagbar war wird zum politischen Standardrepertoire. Was einst als inakzeptable Position galt, wird allmählich akzeptabel. Das öffentliche Klima verändert sich, schleichend verschiebt sich das politische Spektrum. Positionen, die einst sachlich debattierbar waren, werden aus dem Diskurs verdrängt. In Deutschland dürfte eine rationale Zuwanderungspolitik, obwohl dringend nötig, auf Jahre nicht mehr möglich sein – nach all dem Gerede über Grenzen: Grenzen der Aufnahmefähigkeit, Sicherung der Grenzen, Obergrenzen für den Zuzug. Hillary Clinton sah sich im Wahlkampf gezwungen, das von ihr als Außenministerin mit angestoßene US-asiatische Handelsabkommen TPP abzulehnen. Die Trumpschen Angriffe gegen die Globalisierung im Allgemeinen und die Chinesen im Besonderen haben die Handelspolitik in vermintes Gelände verwandelt.

In der Folge entsteht ein extrem negativ gefärbtes Zerrbild der gesellschaftlichen Realität. Am Tag nach der ersten TV-Debatte zwischen Clinton und Trump schrieb die »Financial Times« in einem Leitartikel, die Zuschauer hätten den Eindruck gewinnen können, die USA stünden »am Rande des Kollaps. Der republikanische Kandidat bestand darauf, die USA seien ein Dritte-Welt-Land, das unter einer fast biblischen Flucht von Jobs nach China und darüber hinaus leide. Die Gewalt sei außer Kontrolle«. Teile des Landes stünden vor »offenen kriegerischen Auseinandersetzungen«. Clinton habe zwar weniger »melodramatisch geklungen«. Aber sie habe letztlich Trumps Haltung geteilt, wonach die offene Weltwirtschaft eine fundamentale Gefahr für die USA darstelle. Beide Kandidaten hätten eine gemeinsame große Botschaft an die Bürger gehabt: »Fürchtet euch. Fürchtet euch sehr.«

ANTI-GLOBALISTISCHER POPULISMUS

Interessanterweise beschäftigt sich die aktuelle Spielart des Populismus ausgiebig mit der Globalisierung. Sie ist sogar sein wichtigstes Thema. Das ist auf den ersten Blick überraschend. Denn die Globalisierung ist eine komplexe, facettenreiche Großentwicklung. Doch genau darin besteht der populistische Appeal: Seriöse politische Diskurse sind unter den Bedingungen globaler Dependenzen so kompliziert geworden, dass sie sich den Bürgern kaum noch nahebringen lassen. Sich eingehender mit den Verästelungen des internationalen Wettbewerbs und seinen Auswirkungen, mit der Unternehmensbesteuerung, der Finanzmarktregulierung oder den tieferen Ursachen von Migrationswellen zu befassen, erfordert Zeit und Mühe. Anders ausgedrückt: Aus Sicht vieler Bürger sind die Kosten der Informationsverarbeitung enorm hoch. In Zeiten des medialen Hyperwettbewerbs mit seiner unüberschaubaren Zahl von Angeboten, die leichte Zerstreuung versprechen, sind vielschichtige politökonomische Themen nur noch schwer kommunizierbar. Das schafft eine kommunikative Lücke: Weil große Teile der Politik in einem globalisierten Kontext stattfinden – Wirtschaft, Finanzen, Zuwanderung, innere und äußere Sicherheit, Umwelt … –, sind sie umso schwieriger vermittelbar. Erschwerend kommt hinzu, dass die internationalen Wechselwirkungen so groß sind, dass sowohl Prognosen über die weitere Entwicklung als auch die abschätzbaren Folgen von politischen Maßnahmen mit erheblichen Unwägbarkeiten behaftet sind.

Politik ist unübersichtlicher und unsicherer geworden. In diese Marktlücke stoßen Populisten. Sie bieten grob vereinfachte Globalisierungsnarrative an. Die Bürger können ihren Wahrheitsgehalt kaum überprüfen, schon gar nicht durch eigenes Erleben. Grautöne und Nuancen werden durch Schwarz-weiß-Muster ersetzt. Die schwer überschaubare Vielzahl der Akteure wird in Gut und Böse sortiert: hier die normalen Leute, deren Wohlergehen bedroht ist, dort die Fremden sowie die Eliten im Regierungsapparat, in internationalen Konzernen und Institutionen. Mit anderen Worten: Populisten machen ein attraktives Angebot, weil sie die Informationskosten senken. Komplexe politische Entwicklungen werden leichter fassbar. Man kann sich mit dem Gang der Welt beschäftigen, mitreden, sich eine Meinung bilden. All das auf Basis von radikal simplifizierten – und womöglich falschen – Erzählungen.

Wirtschaftspolitik ist ein zentrales Thema populistischer Bewegungen. Populisten versprechen Abkürzungen zum Wohlstand. In Griechenland suggerierte die linkspopulistische Syriza im Wahlkampf 2015, sie könne trotz akut drohender Staatspleite mit der Sparpolitik Schluss machen und das Diktat der Gläubiger und ihrer Abgesandten (»Troika«) abschütteln. Als sie an die Regierung kam, ließen ihre realitätsfernen Versprechen das Land monatelang ungebremst gen Bankrott und Euro-Exit driften. Und das, obwohl der Rest Europas prinzipiell bereit war, ein weiteres Hilfspaket zu schnüren.

DER POPULISMUSZYKLUS

Für die wirtschaftliche Entwicklung ist Populismus hochproblematisch, weil er ökonomische Beschränkungen ignoriert. Das chronische außenwirtschaftliche Defizit macht Großbritannien krisenanfällig? *Who cares!* Die USA müssen wegen ihrer hohen Schulden sparsam sein? Zahlen wir sie einfach nicht zurück!, meint Donald Trump. Ausländische Banken helfen bei der Finanzierung der Wirtschaft? Egal, wir müssen sie in heimische Hände überführen!, findet Jaroslaw Gowin, stellvertretender Regierungschef in Warschaus nationalkonservativer Regierung. Die Sache geht regelmäßig schief. Wer die Beschränkungen der Ökonomie ausblendet, mag zunächst Mehrheiten hinter sich versammeln. Aber irgendwann wird er scheitern.

In Lateinamerika lässt sich das seit langem beobachten. Immer wieder durchläuft der Kontinent Zyklen von Populismus, wie sie die Ökonomen Rudi Dornbusch und Sebastian Edwards bereits Anfang der 1990er Jahre beschrieben haben.[86] Erst fahren großsprecherische Volkshelden das Land vor die Wand. Dann übernehmen Technokraten das Steuer, drücken, häufig mit Hilfe des Internationalen Währungsfonds, Sparprogramme durch, stabilisieren die Währung, beruhigen die Märkte – und säen nebenher jene Unzufriedenheit, an die die nächste Generation von Populisten ein paar Jahre später anknüpfen kann. Zuletzt schwang das Pendel in Südamerika wieder in Richtung Technokratenführung. Im vergangenen Jahrzehnt konnten noch Figuren wie Hugo Chávez (Venezuela), Luiz Inácio Lula da Silva (Brasilien) und Cristina Fernández de Kirchner (Argentinien) dank hoher Rohstoffpreise allerlei Wohltaten versprechen. Jetzt sind die Preise im Keller. Venezuela versinkt in Verarmung und Chaos. Brasilianer und Argentinier haben genug von Stagnation und Korruption. Vielerorts übernehmen Wirtschaftsfachleute die Regierungsgeschäfte.

Europas aktueller Flirt mit dem Populismus ist relativ jung. Aber seine Führungsfiguren spüren nach dem Brexit-Entscheid Rückenwind: Geert Wilders in den Niederlanden, Marine Le Pen in Frankreich, Beppe Grillo in Italien, Heinz-Christian Strache in Österreich. In Osteuropa sitzen sie bereits vielerorts an der Regierung: Jaroslaw Kaczyńskis PiS-Partei in Polen, Viktor Orbán in Ungarn oder Robert Fico in der Slowakei. Volksabstimmungen sind das populistische Machtmittel der Wahl: die große Arena, in der gewinnt, wer Stimmungen schürt, nicht derjenige, der faktensicher argumentiert. CSU-Chef Horst Seehofer, bekennender Populist der milderen Variante, verkündet folgerichtig, Referenden gehörten nun mal »zum Kern moderner Politik«.

Eigentlich hatte der Westen ein gutes Mittel gegen den Populismus gefunden: starke Institutionen, besetzt mit qualifizierten Technokraten, die helfen sollten, Politiker in halbwegs rationalen

Bahnen zu halten und allzu irrationalem Überschwang vorzubeugen. Aber das Vertrauen in die technokratischen Eliten hat arg gelitten: weil sie die Krise von 2008 nicht hatten kommen sehen und danach die Wirtschaft nicht rasch wieder flott bekamen, aber auch weil sie Dauerangriffen der Populisten ausgesetzt sind, denen sie wenig entgegenzusetzen haben.

Insbesondere Notenbanker-Bashing ist in Mode gekommen. Das ist einerseits erstaunlich: Dass es nach 2008 nicht zum totalen Systemabsturz kam, ist vor allem den Zentralbanken zu verdanken. Fed, EZB & Co. haben ihren Aktionsradius in einem zuvor kaum vorstellbaren Ausmaß ausgedehnt. Ohne das beherzte Eingreifen der Notenbanken wäre die Lage heute definitiv schlechter. Andererseits ist die Skepsis, mit der sich die Notenbanker konfrontiert sehen, nicht verwunderlich. Ihre Instrumente verlieren an Wirkung. Viele Bürger empfinden die wirtschaftliche Lage immer noch als unbefriedigend. Die Beschäftigungs- und die Lohnentwicklung sind nach wie vor schwach. Auch wenn die gemessene Inflation niedrig ist: Die Notenbanken, inzwischen eine Art Nebenwirtschaftsregierung mit umfassenden Zuständigkeiten, stehen in der Mitverantwortung für alles mögliche, das in der Wirtschaft schief läuft. Kurz: Sie sind ideale Zielscheiben für Populisten.

ANGRIFF AUF DIE NOTENBANKEN

Die Geldbehörden stehen am Pranger, bedrängt von dröhnenden Oppositionspolitikern und von autokratischen Regierungschefs mit einem Hang zum Durchregieren. Schließlich soll die Wirtschaftspolitik rasche Erfolge zeitigen. Makroökonomische Maßnahmen – das Drehen an den Schrauben der Geld- und Finanzpolitik – sind dafür willkommene Instrumente. Unabhängige Notenbanken stehen dabei nur im Wege. Weltweit ist die Autonomie der Geldbehörden, die sich in den vergangenen drei Jahrzehnten rund um den Globus als institutionelle Norm verbreitet hat, in Gefahr. Beispiele gibt es reichlich: Bereits im Vorwahlkampf ließ Trump wissen, wenn er Präsident werde, sei Fed-Chefin Janet Yellen »draußen«. Später beschuldigte er sie, mit ihrer Niedrigzinspolitik die Obama-Administration und seine Kontrahentin Hillary Clinton zu unterstützen. Für das, was sie dem Land angetan habe, solle sie sich schämen. Die Fed sei »sehr politisch«, so Trump, und zwar in einem Ausmaß, wie er sich das nicht habe vorstellen können. Nach seiner Logik lassen Yellen & Co. die Zinsen bewusst auf viel zu niedrigem Niveau, um die Wirtschaft bis zum Wahltag in Fahrt zu halten – damit möglichst viele Leute zufrieden sind und möglichst nichts ändern möchten. Man kann das als Unsinn abtun. Was allerdings nichts daran ändert, dass die Fed mitten in einem politischen Umfeld steht, das emotional hochgradig aufgeladen ist.

In Großbritannien war Mark Carney, wie bereits erwähnt, während der Brexit-Kampagne ein Lieblingsziel der Ausstiegsbefürworter. Der Gouverneur der Bank of England hatte wiederholt vor ökonomischen Verwerfungen durch ein Out-Votum gewarnt. In Deutschland wurde die AfD gegründet als Anti-Euro-Partei, die sich insbesondere gegen Mario Draghis EZB richtete. Erst die Zuwanderungswelle versorgte sie mit einem neuen Thema, was zur Spaltung der Partei beitrug. In Polen hat die regierende nationalkonservative PiS-Partei den ihr nahestehenden Adam Glapiński zum Geldgouverneur gemacht. Offenbar ist seine Beförderung mit der Hoffnung verbunden, die Zentralbank werde versprochene Ausgabenprogramme mit niedrigen Zinsen unterstützen. Ungarn hat seit der Machtübernahme von Viktor Orbán bereits zweimal das Zentralbankgesetz geändert. György Matolcsy, ein Vertrauter des Premiers, wurde als Gouverneur installiert. Unter seiner Führung hat die ungarische Nationalbank umgerechnet eine Milliarde US-Dollar an Zentralbankgewinnen in sechs Stiftungen umgeleitet. Öffentliche Gelder, die in dunklen Kanälen

verschwanden und offenkundig zum Teil der Regierung nahestehenden Kreisen zuflossen. In der Türkei hat Recep Tayyip Erdoğan
die Zentralbank immer wieder dafür attackiert, dass sie angeblich
mit zu hohen Zinsen die Wirtschaft abwürgt. Auch relativ hohe
Inflationsraten stören den Präsidenten wenig. Zinssenkungen würden die Inflation drücken, verkündete er wiederholt – eine, gelinde
gesagt, unorthodoxe ökonomische Sichtweise, die die Logik der
Zentralbankpolitik auf den Kopf stellt. In Japan setzt der national-
tönende Premier Shinzo Abe auf eine extrem expansive Geld- und
Finanzpolitik. Um vollständig handlungsfähig zu sein, tauschte
er nach seinem Amtsantritt den Notenbankgouverneur aus und
schränkte die Autonomie der Notenbank ein, die sich prompt zu
enger Kooperation mit der Regierung verpflichtete. Inzwischen
hat die Bank von Japan so viele öffentliche Anleihen aufgekauft,
dass ihre Bilanzsumme 80 Prozent des Bruttoninlandsprodukts
überstiegen hat; die Staatsschulden betragen inzwischen 240 Prozent. Die Wirtschaft kommt trotzdem nicht in Gang. Japan läuft
Gefahr, sich finanziell zu ruinieren, während die angekündigten
Strukturreformen nur schleppend vorangehen.

Langwierige Strukturreformen, die die Wirtschaft nachhaltig
ankurbeln würden, sind populistischen Politikern ein Graus.
Die Materie ist komplex, den Wählern schwer vermittelbar. Die
Umsetzung ist langwierig, weil diverse Interessengruppen Widerstand leisten. Positive Wirkungen entfalten sich nur auf lange
Sicht. Bei makroökonomischer Politik hingegen ist es umgekehrt:
Sie ist – scheinbar – einfach zu verstehen, denn sie konzentriert
sich auf wenige Stellschrauben (Zinsen, Staatsdefizite, Wechselkurse). Die positiven Wirkungen setzen kurzfristig ein, während
die Kosten (Inflation, Kapitalmarktblasen, hohe Schulden) erst
später anfallen. Und sie ist leicht umsetzbar, jedenfalls sofern die
Notenbanken keinen Widerstand leisten.[87]

Wegen eben dieser Eigenschaften unterliegt die Makropolitik in
vielen Ländern institutionellen Begrenzungen: Notenbanken sind

unabhängig und der mittelfristigen Preisstabilität verpflichtet; die Finanzpolitik wird vielerorts durch verfassungsmäßige Verschuldungsgrenzen eingeschränkt. Es stimmt schon: Diese Regeln sind nicht der Weisheit letzter Schluss. Notenbanken haben dazu beigetragen, dass es überhaupt zur Finanzkrise kam. Die schuldengetriebene Wirtschaft ist kein nachhaltiges Modell. In Demokratien darf und muss man sie dafür kritisieren. Aber der populistische Kurzschluss, der jegliche Begrenzungen der Makropolitik ablehnt, führt in die nächste Krise. Und zwar eher früher als später.

ACHTEN SIE AUF RISIKEN UND NEBENWIRKUNGEN!

Wirtschaftspolitik ist durchzogen von Zielkonflikten, bei denen Kosten und Nutzen häufig zeitlich auseinanderfallen. Das ist verführerisch. So können allzu freigiebige Notenbanken kurzfristig die Wirtschaft anregen. Längerfristig riskieren sie Preissteigerungen und exzessive Verschuldung. Die Öffnung des Arbeitsmarktes für Gruppen, die Schwierigkeiten haben, Jobs finden, stellt bislang geschützte Beschäftigte schlechter; der Nutzen solcher Strukturreformen stellt sich häufig erst mit einer Zeitverzögerung von Jahren ein. Eine sparsame Finanzpolitik kann langfristig Spielräume für öffentliche Investitionen und Sozialleistungen eröffnen. Kurzfristig erfordert sie Opfer. Eine restriktive Handelspolitik kann kurzfristig den Druck durch ausländische Wettbewerber lindern. Längerfristig wird dadurch der Wohlstand einer Gesellschaft gefährdet, weil das Angebot an Gütern und Dienstleistungen schmaler und teurer wird. Wer Immigranten den Zuzug in den Arbeitsmarkt verwehrt, erhöht womöglich kurzfristig die Verdienstmöglichkeiten für geringer Qualifizierte. Langfristig wird sich das niedrigere Potenzial an Arbeitskräften negativ auf die Wohlstandsentwicklung auswirken.

Populistische Wirtschaftspolitik konzentriert sich aufs kurzfristig Opportune und ignoriert das längerfristig Notwendige. Hauptsache, die Bürger sind erst mal zufrieden. Politmarketing unterscheidet sich dabei kaum von Kommerzmarketing: Einfache Produkte lassen sich besser verkaufen als komplizierte, schmissige Namen besser als sperrige, große Versprechen besser als kleine. Ob die Kunden am Ende mit dem Produkt zufrieden sind, ist zunächst zweitrangig.[88] Es ist deshalb wenig verwunderlich, dass sich unter Politstrategen der Mindestlohn seit einiger Zeit großer Beliebtheit erfreut. In vielen Ländern ist die verschärfte Ungleichheit ein Aufregerthema. Der Mindestlohn verspricht Abhilfe. Er mag ein reichlich grobes Werkzeug sein, um auf hochdifferenzierten Arbeitsmärkten die versprochenen Resultate zu erzielen. Doch das tut seiner Popularität keinen Abbruch.

Vielerorts sind seit Ausbruch der Finanzkrise 2007 die Mindestlöhne angehoben worden. Deutschland hat überhaupt erst seit 2015 eine allgemeine Lohnuntergrenze. Inzwischen nimmt diese internationale Bewegung enorm an Fahrt auf. In Großbritannien hat die konservative Regierung ein *Rebranding* vorgenommen – man spricht jetzt vom *National Living Wage* –, der Mindeststundensatz soll bis 2020 von 7,20 Pfund auf 9 Pfund steigen. Statt bei 45 Prozent des mittleren Einkommens liegt er dann bei 60 Prozent, fast so hoch wie heute in Frankreich. In den USA läuft eine Kampagne, die sich vorgenommen hat, den Mindestlohn von 7,25 US-Dollar auf 15 US-Dollar (»Fight for 15 $«) zu hieven. Einzelne Staaten wie Kalifornien, Oregon und New York wollen darauf nicht warten und haben eigene 15-Dollar-Regelungen vorbereitet. In Japan strebt Premier Abe an, jedes Jahr die Mindestlöhne um 3 Prozent anzuheben. Dass in Deutschland die erste Anpassung des Mindestlohnes im Sommer 2016 moderat ausfiel, ist ein bemerkenswerter Erfolg der Vernunft.

Es ist ein ökonomisches Großexperiment mit höchst ungewissem Ausgang. Nach Jahrzehnten der Deregulierung der Arbeitsmärkte greifen die Staaten nun massiv ins Lohngefüge ein. Wo es bis vor kurzem prioritär darum ging, die Beschäftigungschancen zu verbessern, sollen nun per Gesetz die Markteinkommen der schwächsten Gruppen in die Höhe geschraubt werden. Das kommt gut an beim Wahlvolk. Und es belastet zunächst nicht mal die angespannten Staatshaushalte. Wenn später viele Leute ihre Jobs verlieren, sind im Zweifel die Unternehmen schuld. Ein durchaus rationales politisches Kalkül – aber nicht unbedingt gute Wirtschaftspolitik.

Um nicht missverstanden zu werden: Es gibt gute Gründe für Mindestlöhne. Am unteren Ende der Lohnskala sind die Machtunterschiede zwischen Beschäftigten und Arbeitgebern so groß, dass es einer verbindlichen Untergrenze bedarf, um ein Minimum an Fairness herzustellen. Die Erfahrungen mit niedrigen Mindestlöhnen sind denn auch unproblematisch für die Beschäftigungsentwicklung. Die angepeilten Erhöhungen jedoch drohen die Lage grundlegend zu verändern. Dies umso mehr in einer Zeit, da Millionen von Zuwanderern auf westliche Arbeitsmärkte drängen. Hohe Mindestlöhne könnten gerade für sie zu unüberwindlichen Einstiegshürden werden und auch heimische Beschäftigte aus ihren Jobs drängen.

4. MIT DEM KÜHLEN BLICK DES ÖKONOMEN

Wozu man Nationalstaaten braucht – und wozu nicht

Furchteinflößend sitzen sie da, grobschlächtig und gigantisch. Vier steinerne Riesen, jeweils neuneinhalb Meter hoch, 400 Tonnen schwer. Die Gesichter wirken seltsam abwesend, leer, ohne individuelle Züge. Ihre Kleidung mutet altertümlich an, römisch-germanisch, Tunika und Sandalen, bloße Beine und Arme. Sie stellen keine Personen dar, sondern Archetypen, die angeblichen Eigenschaften des deutschen Volkes: Tapferkeit – mit prall gespannten Muskeln; Glaubensstärke – mit einem Knaben auf dem Schoß; Volkskraft – eine weibliche Figur, auch sie breitschultrig und kräftig, die zwei Babys gleichzeitig an ihren Brüsten nährt; Opferfreudigkeit – eine Frucht in einer Hand, das Gesicht abgewandt.[89] Durch die gelblichen Fenster dringt fahles Licht, selbst bei strahlendem Sonnenschein draußen. So präsentiert sich Deutschland in der »Ruhmeshalle« des Völkerschlachtdenkmals von Leipzig: als starkes, kampfbereites Kollektiv mit großer Zukunft. Es ist ein Ort der Andacht – 1813 hatte ein vereintes Heer die Armeen Napoleons geschlagen und die französische Besetzung deutscher Gebiete beendet, 110.000 Soldaten waren gestorben – und ein Ort der demonstrativen Selbstvergewisserung. Es gibt eine Krypta, eine Kuppel, kirchenähnliche Bleifenster. 1913 wurde das gigantische Denkmal eingeweiht. Ein sakral anmutender Bau in einer säkularisierten Zeit, wo nicht Gott angebetet wird, sondern die Nation, errichtet von patriotischen Bürgern zur inneren Stärkung des Deutschen Reichs, des ersten deutschen Nationalstaats, gegründet 1871 nach einem weiteren Krieg gegen Frankreich. 1914, ein Jahr nach der Eröffnung, begann der Erste Weltkrieg, in dem sich abermals Deutsche und Franzosen auf den Schlachtfeldern gegenseitig niedermetzelten.

So abstoßend und fremdartig das Bauwerk heute wirken mag, es macht die nationalen Gefühle des 19. Jahrhunderts erlebbar. Dass sich Bevölkerungen als Nationen empfanden und auf dieses emotionale Fundament ihre Staaten gründeten, war damals noch eine ziemlich neue Entwicklung. In Westeuropa hatte die Bildung von Nationalstaaten früher begonnen, England, Frankreich, Spanien, Portugal hatten sich unter Zentralregierungen vereinigt. Deutschland und Italien folgten im letzten Drittel des 19. Jahrhunderts. Andere Länder waren damals noch nicht so weit. Russland, Österreich-Ungarn und das Osmanische Reich waren Vielvölkerstaaten.

Der Nationalstaat, der heute als natürliche Ordnung der Welt erscheinen mag, ist in Wahrheit nur eine Stufe im Prozess der Entwicklung menschlicher Gesellschaften. Dass die Erde aufgeteilt ist in Staaten, deren Bevölkerungen sich als Nationen sehen mit gemeinsamer Leitkultur, (häufig) gemeinsamer Sprache und (manchmal) ethnischer Homogenität, mit einheitlichen Institutionen und zentral verwalteten Solidarkassen, mit Armeen und klar gezogenen Außengrenzen, mit Staatsbürgerschaften, die strikt zwischen Insidern und Outsidern unterscheiden – all das ist aus historischer Perspektive immer noch neu. Über Jahrtausende war die Welt anders organisiert. Erst im späten 18. Jahrhundert begann der Nationalstaat allmählich zum dominierenden Organisationsprinzip aufzusteigen. Er war ein Erfolgsmodell, weil er Antworten bot auf zentrale Probleme der Zeit, weil er Bedürfnisse befriedigte, die in einer sich rasch verändernden Lebensrealität der Menschen unbefriedigt geblieben waren, und weil er Bedingungen etablierte, die ökonomische Vorteile brachten.[90]

Die Erfolge des Nationalstaats bedeuten freilich nicht, dass er als ehernes Prinzip alle Ewigkeit überdauern muss. Im Gegenteil, nationale Gefühle haben Schattenseiten. Das Streben nach Homogenität im Innern kann zu Unterdrückung und Verfolgung von Minderheiten führen. Strikte Abgrenzung nach außen kann internationale Konflikte befördern. Der notwendige Ausgleich zwischen den Nationalstaaten ist eine fragile Angelegenheit, der dramatisch scheitern kann, wie die beiden Weltkriege des 20. Jahrhunderts grausam vor Augen geführt haben. Nach 1945 gab es deshalb diverse Versuche, den Nationalstaat zu überwinden, darunter die europäische Integration und die westöstliche Blockbildung, die sich um die beiden Hegemonialmächte USA und UdSSR vollzog. Seit diese Klammern sich 1990 lösten, erstarkt das nationale Denken wieder. Nicht nur, aber gerade auch in Europa.»Ethnische Säuberungen« auf dem Balkan, Vertreibung, Bürgerkrieg und Mord deuten auf das zerstörerische Potenzial hin, das Vorstellungen von nationaler Reinheit entwickeln können. Ganz zu schweigen davon, dass viele Probleme des 21. Jahrhunderts längst nationale Grenzen überschritten haben (siehe Kapitel 1).

Dieses Kapitel seziert die Funktionen des Nationalstaats. Das folgende Kapitel stellt die Frage in den Mittelpunkt, ob und wie er sich überwinden ließe.

EIN MARKT, EINE NATION, EINE REGIERUNG, EIN GESETZ

Nationen sind emotionale Konstrukte. Sie kreieren kollektive Identitäten. Wer in eine nationale Identität hineinsozialisiert wird, empfindet sich als Teil eines größeren Ganzen, als Teil einer eigentlich anonymen Gesellschaft aus Millionen von Menschen, mit denen er bestimmte Charaktereigenschaft zu teilen meint, auf eine kollektive Geschichte zurückblickt und gemeinsame Vorstellungen von der Zukunft entwickelt, woraus sich Rechte, Pflichten und Verantwortung ableiten. Wegen dieser Eigenschaften sind Debatten übers Nationale häufig aufgeladen von starken Gefühlen. Zwischen Mythen und Vernunft zu trennen ist dann kaum noch möglich. Es lohnt sich deshalb, Nation und Nationalstaat zu dekonstruieren und auf ihre eigentlichen Funktionen zurückzuführen.

In der Geschichte taucht die Idee von der Nation im selbstbestimmten Nationalstaat parallel zur Industrialisierung auf, am Übergang von der feudalistischen zur kapitalistischen Gesellschaft. Am frühesten in England, dem ersten industriell entwickelten Land in Europa, dann in den USA und in Frankreich, später auf dem Rest des Kontinents. Das ist kein Zufall: Mit der Industrialisierung steigen die Ansprüche an den Staat. Vormoderne, agrarische Strukturen waren geprägt von persönlichen Beziehungen – zwischen den Mitgliedern der Großfamilie, der Sippe, zwischen Untertanen und Adel. Menschen standen mit anderen Menschen in Treueverhältnissen. Ganz direkt. In dörflichen Strukturen begegnete man sich persönlich, übte im Umgang miteinander soziale Normen ein. Auch Märkte waren nicht die anonymen Transaktionspunkte von heute, sondern Orte, an denen Menschen Auge in Auge miteinander Handel trieben. Die Rolle des Staates war damals bescheiden. Sie beschränkte sich vor allem darauf, Eigentumsrechte zuzuweisen und einklagbar zu machen, die Gesellschaft zu befrieden, Mord, Todschlag und Diebstahl aus dem Alltag zu verdrängen, innere und äußere Sicherheit zu gewährleisten.

Bildung war ein Privileg exklusiver Gruppen: des Klerus, der höfischen Beamtenschaft sowie einer dünnen Schicht von Kaufleuten in den wenigen größeren Städten. Die Mehrheit der Bevölkerung ging praktischen Tätigkeiten nach, als Bauern und Handwerker. Eine Schulung in abstraktem Denken brauchten sie nicht. In kleinräumigen Wirtschaftsstrukturen fand der Austausch von Waren überwiegend auf kurzen Distanzen statt. Wege und Pfade, auf denen der Transport per Handkarren oder Kiepe mit menschlicher Kraft oder per Ochsenkarren stattfand, bildete einen Großteil der Infrastruktur. Für den Verkehr über längere Distanzen dienten Flüsse als natürliche Verkehrswege. Die Wechselfälle des Lebens sicherte, so gut es ging, die Solidarität der Großfamilie ab. Kaiser und Könige waren weit entfernt. Für die staatliche Ordnung sorgte der örtliche Landadel, für die moralische Ordnung die Kirche.

Mit der Industrialisierung änderte sich alles: Wirtschaft, Siedlungsstrukturen, soziale Beziehungen, das menschliche Bewusstsein. Im 19. Jahrhundert vollzieht sich eine umfassende »Verwandlung der Welt«, die der Historiker Jürgen Osterhamel in seinem gleichnamigen Werk beschreibt.[91] Technologische Veränderungen setzten eine Dynamik in Gang, die vor nichts haltzumachen schien. Wie beeindruckend diese Entwicklungen auf die Zeitgenossen gewirkt haben, lässt sich bei der Lektüre des »Manifests der kommunistischen Partei« von 1848 nachvollziehen.[92] Die Erinnerung an die alte Ordnung ist noch präsent, und die industrielle Revolution hat ihre ganze Kraft noch gar nicht entfaltet, da ist Karl Marx und Friedrich Engels bereits klar, welche Mechanismen am Werk sind. Lässt man die Rhetorik des Klassenkampfs beiseite, zeigen sich die beiden durchaus beeindruckt von den produktiven Leistungen der neuen bürgerlichen Klasse, der »Bourgeoisie«. Sie habe »massenhaftere und kolossalere Produktionskräfte geschaffen, als alle vergangenen Generationen zusammen. Unterjochung der Naturkräfte, Maschinerie, Anwendung der Chemie auf Industrie und Ackerbau, Dampfschiffahrt, Eisenbahnen, elektrische Telegraphen, Urbarmachung ganzer Welttheile, Schiffbarmachung der Flüsse, ganze aus dem Boden hervorgestampfte Bevölkerungen – welch früheres Jahrhundert ahnte, daß solche Produktionskräfte im Schooß der gesellschaftlichen Arbeit schlummerten«. Die räumliche Konzentration der Produktion habe »enorme Städte geschaffen, sie hat die Zahl der städtischen Bevölkerung gegenüber der ländlichen in hohem Grade vermehrt, und so einen bedeutenden Theil der Bevölkerung dem Idiotismus des Landlebens entrissen«.

Herzlich zuwider sind Marx und Engels die alte Ordnung und jene reaktionären Kräfte, die daran festhalten wollen. Doch die beiden betonen auch, wie kalt die neue Welt ist. Sie sind ambivalent – hin- und hergerissen zwischen Bewunderung und Abscheu. Alles Persönliche und Romantische scheint zu verschwinden. Die alten Treuebande zwischen Menschen und Ständen gibt es nicht mehr: Arbeit, Gott, Liebe – in der arbeitsteiligen kapitalistischen Ordnung des 19. Jahrhunderts durchdringt das Geschäftliche sämtliche Lebensbereiche. Die »kleine Werkstube des patriarchalischen Meisters« ist der »großen Fabrik des industriellen Kapitalisten« gewichen, in der Menschen nur noch als gesichtslose Massen (»industrielle Armeen«) auftauchen. »Alle feudalen, patriarchalischen, idyllischen Verhältnisse« seien zerstört. Alle Bande, »die den Menschen an seinen natürlichen Vorgesetzten knüpften«, seien »unbarmherzig zerrissen«. Die Bourgeoisie habe »kein anderes Band zwischen Mensch und Mensch übrig gelassen, als das nackte Interesse, als die gefühllose ›baare Zahlung‹. Sie hat die heiligen Schauer der frommen Schwärmerei, der ritterlichen Begeisterung, der spießbürgerlichen Wehmuth in dem eiskalten Wasser egoistischer Berechnung ertränkt. (...) Die Bourgeoisie hat alle bisher ehrwürdigen und mit frommer Scheu betrachteten Thätigkeiten ihres Heiligenscheins entkleidet. Sie hat den Arzt, den Juristen, den Pfaffen, den Poeten, den Mann der Wissenschaft in ihre bezahlten Lohnarbeiter verwandelt«. Sogar der Familie habe sie ihren »rührend-sentimentalen Schleier abgerissen« und sie auf »ein reines Geldverhältniß zurückgeführt«.

Mit dem Abstand von anderthalb Jahrhunderten mag die Beschreibung der kapitalistischen Ordnung wie eine Karikatur erscheinen. Doch sie zeigt, wie tief die Verunsicherung damals war. Und sie findet ihren fernen Widerhall in manch moderner Globalisierungskritik, in der zuweilen der Wunsch nach einer kleinräumigeren, überschaubareren, wärmeren Welt durchscheint.

Aber die Geschichte macht nicht halt. Sie hat auch keinen Rückwärtsgang. Neue Fragen erfordern neue Antworten. Wer sie schuldig bleibt, geht unter. Die Antwort des 19. Jahrhunderts auf die neuen Verhältnisse lautet denn auch: mehr Staat – viel mehr Staat.

Interesse daran hat zunächst einmal die Wirtschaft selbst. Die »nothwendige Folge« der Konzentration der Produktionsmittel, schreiben Marx und Engels, sei »die politische Centralisation«. Größere Märkte sollen entstehen. Um die Vorteile der Massenproduktion und der niedrigeren Transportkosten ausschöpfen zu können, braucht es die Vereinheitlichung der Maße, der Normen, des Geldes, die Abschaffung der Zölle. Freier Handel für freie Bourgeois. Statt kleiner, autonomer »Provinzen«, 1848 noch deutsche Realität, setze die neue industrielle Klasse auf die Einheit: »eine Nation, eine Regierung, ein Gesetz«. Bevor nationale Gefühle breite Bevölkerungskreise erfasst haben, bevor nationales Pathos die Rhetorik zu dominieren beginnt und quasi-sakrale patriotische Bauwerke wie das Leipziger Völkerschlachtdenkmal überall im Land errichtet werden, sind es zunächst nackte ökonomische Interessen, die das Zusammenwachsen der Nation vorantreiben.

EINE WIRTSCHAFTSNATION – DER FALL DEUTSCHLAND

Mitte des 19. Jahrhunderts gewinnt die deutsche Wirtschaftsnation allmählich Konturen. Seit den 1820er Jahren hat Preußen einzelne norddeutsche Staaten in eine Zollunion gelockt. Geldinteresse paart sich mit Machtinteresse: Preußen will die ökonomische Rückständigkeit überwinden und gleichzeitig seine Position gegenüber Österreich, der alten Vormacht im deutschsprachigen Raum, stärken.

Anderswo in Europa ist zu diesem Zeitpunkt die Zentralisierung längst weiter fortgeschritten. Bereits in vorindustrieller Zeit schwangen sich dort Herrscherhäuser in geografisch zentraler Lage zu regionalen Hegemonialmächten auf. Nach und nach gliedern sie das übrige Land ins Staatsgebiet ein und etablieren einheitliche Verwaltungsstrukturen. Erst später setzt eine kulturelle und sprachliche Homogenisierung ein. Historisch entsteht in Westeuropa zuerst der Staat, der sich irgendwann durch seine vereinheitlichende Wirkung eine Nation schafft und folglich zum Nationalstaat wird. Begünstigt wird dieser Prozess durch die Existenz eines geografisch klar abgegrenzten Territoriums, innerhalb dessen sich die Hegemonialmacht allmählich ausbreitet, wie dies in Frankreich, Spanien und England der Fall war.[93]

Auch Preußen geht es zunächst nicht darum, einen Nationalstaat zu schaffen. Berlin will zur deutschen Hegemonialmacht aufsteigen. Mit nationalem Gedankengut können die Regierenden in Berlin nicht viel anfangen. Im Gegenteil, national gesinnte Bürger gelten als aufrührerisch. In Deutschland wird die ökonomische Integration zum Vehikel der staatlichen Integration. 1834 schließen sich die Zollunionen in Süd- (Bayern, Württemberg) und Mitteldeutschland (Hannover, Hessen-Kassel, Sachsen) mit der preußischen Freihandelszone zum Deutschen Zollverein zusammen. Die ökonomische Dynamik, die dank des größeren Wirtschaftsraums entsteht, lässt weitere Beitritte folgen, sodass 1842 dem Zollverein 28 der 39 Staaten des Deutschen Bundes angehören.

Der Handel beginnt zu florieren, auch weil neue, schnelle, billige Verkehrsmittel entstehen. Die erste Eisenbahnstrecke wird zwar erst 1835 in Betrieb genommen, deutlich später als in England und in Frankreich. Doch das Gebiet des Zollvereins holt rasch auf. Zur Mitte des Jahrhunderts gibt es bereits ein 5.000 Kilometer langes Schienennetz, mehr als doppelt so lang wie in Frankreich.[94] Bis 1860 wächst es auf 10.000 Kilometer an. Dampfschiffe revolutionieren den Schiffsverkehr. Telegraphen transportieren Informationen in Lichtgeschwindigkeit. Die dramatisch sinkenden Transportkosten sorgen für eine Konzentration der Produktion, weil in der Industrie die Kosten pro hergestellter Einheit mit zunehmender Betriebsgröße sinken. Große Einheiten sind deshalb wettbewerbsfähiger, sie beliefern immer größere Marktgebiete; kleinere Einheiten jenseits der Städte und der Bahnlinien haben kaum noch Chancen. Die Macht der sinkenden Durchschnittskosten verändert die Geografie, die neuen industriellen Zentren an Rhein und Ruhr blühen auf. Immer mehr Menschen zieht es in die städtischen Fabriken, auch weil sie auf dem Land kein Auskommen mehr finden.

Eisenbahnbau, Verstädterung, dazu die Explosion der Informationen und des Wissens, die harsche Ungleichheit zwischen neureichen Bürgern und armen Arbeitern – es ist ein fundamentaler Wandel, der damals über die Menschen hereinbricht. Verunsicherung und Verzweiflung breiten sich aus. Das ist der Humus, auf dem sowohl Kommunismus als auch Nationalismus gedeihen. Beide bieten Antworten auf die Fragen der neuen Zeit. Während die Kommunisten die internationale Solidarität der Arbeiterklasse beschwören, huldigen die Nationalisten der Volksgemeinschaft. So unterschiedlich ihre Ausprägungen, Ziele und Protagonisten sein mögen – beide machen sinnstiftende Angebote in einer technisierten Welt, deren Gottesglaube ins Wanken geraten ist. Sie geben keine rationalen Antworten, sondern appellieren an Gefühle. Sie sind »Zivilreligionen«,[95] die das entwurzelte Individuum in ein überhöhtes Ganzes einbetten, indem sie eine säkularisierte Form der Transzendenz vermitteln.

Daneben sind Kommunismus und Nationalismus natürlich auch Kampfbewegungen. Es geht um ökonomische Umverteilung und emanzipatorische Teilhabe. Das rasch wachsende Bürgertum pflegt seine eigenen patriotischen Rituale, auch ein Ausdruck der Opposition gegen den Obrigkeitsstaat, der nicht mehr zum Selbstverständnis einer selbstbewussten, gebildeten Gesellschaftsschicht passt.

Ab den 1860er Jahren ist die bürgerliche Nationalbewegung in den deutschen Staaten ein Massenphänomen. Überall treffen sich Sänger, Schützen, Turner, um patriotische Feiern zu zelebrieren. Denkmäler werden errichtet, Statuen aufgestellt. Häufig ähneln die Veranstaltungen Messen, bei denen keine Gottheit, sondern die eigene Nation angebetet wird. Die Konfessionsgrenzen, die Deutschland seit der Reformation durchzogen haben und die lange einer staatlichen Einheit im Wege standen, verlieren an Bedeutung. 1871 entsteht auch in Deutschland nach einem Krieg gegen Frankreich ein Nationalstaat unter Führung Preußens.

DIE NATIONALE »ZIVILRELIGION«

Im Zuge der Industrialisierung wird der Staat mit immer weiteren Aufgaben betraut: Infrastruktur, Bildung, soziale Sicherung, Gesundheitsversorgung, Forschung und Entwicklung. Eine großräumigere, ausdifferenziertere Wirtschaft braucht immer mehr öffentliche Güter: Eisenbahntrassen, Straßen, Kanäle, später Stromnetze und Telefone. Schulen, Universitäten und Forschungseinrichtungen machen aus Arbeitern Humankapitalträger. Erst der kulturell homogenisierte Nationalstaat habe die Menschen in die Lage versetzt, die Industrialisierung voranzutreiben, schrieb der 1995 verstorbene Nationalismusforscher Ernest Gellner, eben weil Bildung und Kultur Voraussetzungen für die wirtschaftliche Entwicklung seien. Die industrielle Arbeitsweise sei derart differenziert, dass sie von jedem Einzelnen einen ständigen anonymen Austausch mit einer Vielzahl anderer verlange – der Industriearbeiter etwa muss Bedienungsanleitungen für Maschinen lesen können. Zu einer solchen anonymen Kommunikation seien Menschen nicht ohne weiteres in der Lage. »Die Fähigkeit, kontextunabhängige Botschaften zu verstehen und zu artikulieren, wird uns nicht in die Wiege gelegt. Sie erfordert eine angemessen lange Schulbildung«, so Gellner.[96] Der Nationalstaat vereinheitlichte die Kultur durch die allgemeine Schulpflicht und schuf damit bei seinen Bürgern erst die geistigen Voraussetzungen für die Industrialisierung. Kurz: Die neue Form des Wirtschaftens erforderte ein hohes Maß an kultureller Homogenität in einer funktional immer stärker ausdifferenzierten Gesellschaft. Dadurch sinken die Transaktionskosten.

Allerdings ist die industrielle Wirtschaft nicht sonderlich stabil, sondern von Booms und Krisen geprägt. Um die Gesellschaft zu befrieden, braucht es neuartige Solidarsysteme, denn Familie, Dorfverband, Kirche und örtlicher Patriarch sind verschwunden oder überfordert. Als Folge dieser Entwicklung wird in Otto von Bismarcks Deutschem Reich der Sozialstaat erfunden: Als erstes Land der Welt führt das Deutsche Reich den per Zwangsversicherung erworbenen Anspruch auf staatliche Unterstützung ein. 1883 tritt die Krankenversicherung in Kraft, es folgen die Unfall- (1884) und schließlich die Invaliden- und Rentenversicherung (1889). Auch Wilhelm II., ab 1888 Kaiser, treibt die Verbesserung der Arbeitsbedingungen voran, begrenzt die Arbeitszeit, kümmert sich um den Arbeitsschutz in den Fabriken und Bergwerken, lässt Schulen und Krankenhäuser für die Arbeiter bauen. Andere Länder folgen diesem Vorbild: Wo zuvor die Solidarität der Großfamilie genügte, braucht es nun anonyme Solidargemeinschaften aus vielen Millionen Menschen. Das kann nur gelingen, wenn es ein gewisses Maß an Vertrauen gibt innerhalb einer Gesellschaft. Andernfalls werden die Gemeinschaftskassen ausgebeutet. Die nationale Zivilreligion dehnt das Gefühl der Zusammengehörigkeit und Solidarität auf große Räume und große Menschengruppen aus. Mit dieser Zugehörigkeit sind soziale Normen verbunden – was man tut und was nicht –, die nun nicht mehr im persönlichen Umgang miteinander entstehen und durchgesetzt werden, sondern von Institutionen des Staates und der Bürgergesellschaft.

Wenn moderne großräumige Gesellschaften sich als Schicksalsgemeinschaften empfinden, entsteht eine nationale Identität, die Teil der individuellen Identität wird. Der Einzelne fühlt sich als Teil einer Großgemeinschaft, mit der sein persönliches Schicksal verbunden ist. Dieses Band hält Individuen nicht nur in der Gegenwart zusammen, sondern es umspannt ganze Generationen von der Vergangenheit bis in die Zukunft. Langfristige Investitionen in Sachkapital, Infrastruktur, Human- und Sozialkapital werden möglich, die sich erst Jahre oder gar Jahrzehnte später amortisieren. Denn Investitionen erfordern stets einen Verzicht; investierte Mittel stehen in der Gegenwart nicht für Konsumzwecke zur Verfügung. Die volle Rendite können erst nachfolgende Generationen einstreichen. Ein emotionales Band über die Generationen hinweg steigert die Bereitschaft, jene langfristigen Investitionen zu tätigen, die kapitalintensive Industriegesellschaften auszeichnen.

Der Nationalismus knüpfe an eine »sozialpsychologische Konstante« an, so der Historiker Hans-Ulrich Wehler. Der 2014 verstorbene Historiker, ansonsten kein Freund der nationalen Idee, glaubte, von Natur aus seien Menschen darauf bedacht, »Loyalitätsbeziehungen« einzugehen sowie »größere Herrschafts- und Solidarverbände« mit anderen Individuen.[97] Diese Mitgliedschaft ist mit Normen verbunden – was man tut und was man unterlässt –, die nun nicht mehr im persönlichen Umgang miteinander entstehen und durchgesetzt werden, sondern von Institutionen des Staates und der Bürgergesellschaft.

Kurz: Mit dem kühlen Blick des Ökonomen betrachtet, war der Nationalstaat eine ziemlich nützliche Erfindung.

NATION BUILDING – DAS VOLK ALS ERFINDUNG UND ALS VORSTELLUNG

Bei aller Kraft, die das Konzept der Nation im Zusammenspiel mit der kapitalistischen Wirtschaftsweise hervorgebracht hat, bleibt doch klar, dass es auf einer Fiktion basiert. »Eine sozial mobile, anonyme Gesellschaft tut plötzlich so, als sei sie eine nach außen geschlossene traute Gemeinschaft«, wie Ernest Gellner es formulierte.[98] Dabei kommt nicht irgendein mysteriöser Gemeinschaftsgeist über die Menschen. Nationen werden gemacht, erfunden und eingeübt. Ein wichtiges Instrument ist die Geschichtsschreibung. Die Historiker des 19. Jahrhunderts und ihre Vorgänger gaben sich Mühe, konsistente nationale Narrative zu kreieren. Sie konstruierten Realität. Wie jede gute Geschichte lebt auch Geschichtsschreibung vom Selektieren. Was nicht passt wird passend gemacht oder weggelassen. Ereignisse werden geschildert und ausgeschmückt, Helden präsentiert, Gegner dämonisiert, die zeitliche Abfolge von Ereignissen in möglichst eindeutige Beziehungen von Ursache und Wirkung gefasst, die zu Zwangsläufigkeiten verdichtet werden. Die nationale Geschichte beginnt irgendwann in der Vorzeit, als mythische Urahnen Heroisches leisteten. In einer unendlichen Kette von Generationen setzt sich diese Geschichte in die Zukunft fort. Der und die Einzelne ist aufgefordert, sich zum Glied dieser Kette zu machen und, wenn nötig, Opfer zu bringen.

Die frühen Mythen des Deutschennarrativs[99] knüpften bei den Germanen an, beginnend mit den sagenumwobenen Kimbern und Teutonen, die einst scheinbar aus dem Nichts vor Rom aufgetaucht waren und in antiker Zeit Angst und Schrecken verbreiteten. Der Römer Tacitus beschrieb die Germanen als vitale, wenn auch ungehobelte Gesellen, vor deren Kraft und Tugendhaftigkeit sich seine Landsleute in Acht nehmen sollten. Zu diesem Zweck stilisierte er die Horden aus dem Norden in seinem Werk *Germania* zu Anti-Römern. Als das Buch viele Jahrhunderte später wiederentdeckt wurde, nahmen es viele als faktische Schilderung. Arminus, umbenannt in »Hermann der Cherusker«, wurde zum Freiheitskämpfer gegen lateinische Unterdrücker stilisiert – und als gigantische Statue im Teutoburger Wald aufgestellt. Stämme, die sich in der Antike nicht als gemeinsames Volk empfunden hatten, wurden nun als solches dargestellt. Dass die südlichen Teile des späteren Deutschlands über Jahrhunderte zum Römischen Reich gehörten und deshalb kulturell und wirtschaftlich deutlich höher entwickelt waren als jene wüsten Gebiete nördlich des Limes, wurde weitgehend ignoriert. Der Stauferkaiser Friedrich Barbarossa wurde als eine Art Retter der Nation angebetet. Der Mythos wollte es, dass der Kaiser gar nicht tot sei, sondern lediglich im Kyffhäuser, einem Berg in Thüringen schlafe, um irgendwann zu erwachen und die zersplitterten deutschen Staaten zu vereinigen.

Jede Nation hat ihre Mythen, ihre sagenhaften Geschichten, ihre Rituale. Die USA, obwohl ein Land, das sich nicht als ethnische, sondern als ideelle Einheit versteht, haben die Gründer der Republik zu Ahnen der Nation verklärt. Die Schweiz, ein ziemlich rational verfasstes Gemeinwesen, huldigt Wilhelm Tell, einer legendären Figur, literarisch verewigt von Friedrich Schiller. Alle wissen, dass es sich um einen fiktionalen Helden handelt – doch die Geschichte ist so wirkmächtig, dass sie dennoch zur nationalen Identitätsfindung beiträgt.

Die nationale Idee verbreitet sich zunächst durch staatliche Institutionen, zuvörderst durch Schule und Armee. Sie basieren auf Zwang: auf Schulpflicht und Wehrpflicht. In den Schulen werden nicht nur die intellektuellen Basiskenntnisse vermittelt, die die industrielle Wirtschaftsweise benötigt. Nebenher steht nationale Geschichte auf dem Lehrplan, und mit ihr Mythen und Heroen, Liedgut und Dichtung. Die Schule vereinheitlicht die Vielzahl von Sprachen und Dialekten der überlieferten kleinräumigen Strukturen zur Hochsprache, sie etabliert Verhaltensnormen, die zu nationalen Charakterzügen erhoben werden.

Eine Erziehung zur Nation setzte ein. Die zunächst nur als Fiktion vorhandene Gemeinschaft der Millionen wurde erst allmählich Realität. So stellten die französischen Revolutionäre 1790 fest, dass nur in 15 von 83 Départements durchweg Französisch gesprochen wurde. Rund 30 Dialekte waren damals gebräuchlich, von denen sich einige so stark vom Hochfranzösischen unterschieden, dass eine Verständigung kaum möglich war. 1793 wurde im Schulgesetz festgeschrieben, dass alle Kinder französisch lesen und schreiben zu lernen hatten. Die Sprache müsse »eins wie die Republik« werden. Aber es dauerte bis ins 20. Jahrhundert, bis dieses Ziel einer Nation, die sich selbst als *une et indivisible* (eins und unteilbar) bezeichnete, erreicht wurde.[100]

»Die Existenz eines zentralisierten Staates«, so Ernest Gellner, »trägt entscheidend dazu bei, dass Menschen die Welt mit nationalistischen Augen sehen.«[101] Einen wichtigen Beitrag lieferte die allgemeine Wehrpflicht, eine Erfindung der französischen Revolution. Ganze Generationen von jungen Männern wurden einem System des Gehorsams unterworfen; die Armee wurde zur »Schule der Nation«. Ein mächtiges Instrument. Schließlich ging es darum, den Rekruten die Bereitschaft einzupflanzen, ihr Leben fürs große Ganze zu opfern. Im Ringen der eigenen Nation mit anderen Nationen mussten sie zum Äußersten bereit sein. Konsequenter und radikaler lässt sich die Zugehörigkeit zur Nation kaum fassen.

Einheitliche Verwaltungen schufen einen gemeinsamen Verwaltungsraum. In den rasch wachsenden Städten des 19. Jahrhunderts kamen Menschen aus verschiedenen Teilen des Landes zusammen. Distanzen schrumpften durch Bahnen und Dampfschiffe, die die Städte verbanden. In Deutschland breitete sich eine spezifische Spielart des Patriotismus aus: Bevor 1871 das Deutsche Reich entstand, wurde der wirtschaftliche Aufschwung in den Ländern des Zollvereins zum nationalen Symbol stilisiert. Die Wirtschaft selbst wurde zum Quell des kollektiven Stolzes.[102] Um 1860, so der Historiker Harold James in seiner Studie über die *Deutsche Identität*, zählen »Eisenbahnen mehr als Romantik und Zolltarife mehr als Sagen vom Vaterland«. Die Bürger hatten den Gang der Geschichte nach der gescheiterten Revolution von 1848 völlig umgewertet: Sie sahen ihre nationale Vergangenheit nicht mehr als »eine Geschichte des nationalen Erwachens«, sondern eher als »eine nüchterne Saga von institutionellen Vorkehrungen zu dem Zweck, den Wohlstand zu fördern«.

Arbeiten und Geld verdienen, das wird in der zweiten Hälfte des 19. Jahrhunderts zum Nationalethos erhoben.[103] Auch in anderen Ländern spielt damals die rasche wirtschaftliche Entwicklung eine Hauptrolle in der Politik. Nirgends gräbt sie sich so tief in die Seelen ein wie in Deutschland. Einmalig am Deutschland des späten 19. Jahrhunderts ist nach James, »dass die Ökonomisierung der Politik auch die Ökonomisierung des Nationalbewusstseins mit sich brachte: Nationalismus, in eine Welt materieller Gegenstände übersetzt«. Fabrikerzeugnisse repräsentieren die Nation ebenso wie die »Mythen der Vergangenheit, und die nationale Kultur dreht sich um Industrieprodukte«. Siemens vertreibt einen Glühbirnentyp unter dem germanischen Götternamen »Wotan«. Das Label »Made in Germany«, zunächst von den Briten zum Schutz vor deutscher Billigkonkurrenz als Brandzeichen für minderwertige Qualität eingeführt, avanciert zum Gegenteil: zum Siegel überlegener Qualität und zum Quell deutschen Stolzes. Naturwissenschaft und Ingenieurskunst treiben die Wirtschaft voran. In der Zeitschrift *Jugend* liest man 1912: »Diese Technik, die auf der methodischen Kenntnis der Natur gründete, entsprach in schönster Weise genau einem Merkmale unseres nationalen Temperaments – exakte und arbeitsame Energie.«[104]

Ein Nationalstaat, der zunächst aus wirtschaftlicher Zweckmäßigkeit entstanden ist, erhebt die Wirtschaft selbst zum nationalen Mythos.

ÖFFENTLICHKEIT UND DEMOKRATIE

Die frühen Nationalbewegungen waren emanzipatorisch gesinnt. Ihr Ziel war die Gleichberechtigung der Bürger, die die Herrschaft des Adels abstreifen wollten. Sie wollten mitreden, mitentscheiden, sich beteiligen. Demokratie ist ohne gewisse Formen von kollektivem Bewusstsein nicht denkbar. Freiheit bedingt die freiwillige Einhaltung von Regeln. Mehrheitsentscheidungen müssen ebenso respektiert werden wie Minderheitenrechte. Die langfristige Stabilität der demokratischen Institutionen ist im Zweifel wichtiger als die kurzfristige Durchsetzung individueller oder gruppenspezifischer Interessen. Da alle Menschen prinzipiell als gleich angesehen werden, dürfen Mehrheiten sich nicht rigoros durchsetzen; Minderheiten genießen Schutz, mindestens alle verfassungsmäßig garantierten Grundrechte. Ohne irgendeine Form von Zusammengehörigkeitsgefühl sind Menschen zu derlei Rücksichtnahme kaum fähig. Ohne tragfähigen emotionalen Überbau ist ein Gemeinwesen instabil. Es droht ständig in Anarchie auszuarten. Die *failed states* der Gegenwart gemahnen daran, dass Staatswesen nicht nur durch Institutionen und Zwänge existieren, sondern vor allem durch die freiwillig eingehaltenen sozialen Normen ihrer Bürger.

Im späten 19. Jahrhundert geschieht etwas das die Nationen bis heute beschäftigt: Gesellschaften beginnen, sich selbst zu beobachten. Statistiken werden allmählich systematisiert. Die gestiegenen Anforderungen an den Staat, der nun öffentliche Güter in großem Stil zur Verfügung stellt, erfordern höhere Einnahmen. Um allgemeine Steuern gleichmäßig zu erheben, braucht es Daten über Einkommen, Vermögen und Güterströme. Die neuen Sozialversicherungen erfassen alle Werktätigen. Verbesserte Kommunikation und ausgefeilte Bürokratie ermöglichen das Erstellen erster nationaler Statistiken. Die moderne Großgesellschaft baut sich das Instrumentarium, mit dem sie ihre immer komplexeren Strukturen selbst verwalten kann.

Auch Massenmedien sind ein neues Phänomen. Zeitungen und Bücher gibt es schon länger in beträchtlichen Auflagen, zumal in den Städten. Durch die neue Technologie der Rotationsmaschine entstehen nun erste Massenblätter, die größere Bevölkerungsteile erreichen. Öffentlichkeit und öffentliche Meinung werden zu eigenen Machtfaktoren, besonders dort, wo sie sich jenseits von Partei- und Konfessionszugehörigkeit positionieren. Die USA sind in dieser Hinsicht führend: Unabhängige Zeitungen entstehen, die eigene Maßstäbe anlegen, durch originäre Recherchen versuchen, die gesellschaftliche Realität zu erfassen, und zuweilen Kampagnen fahren. Mit zunehmender Konzentration auf dem Markt für Druckerzeugnisse werden allgemeine Zeitungen zum Standard: Blätter, die möglichst große Marktanteile ins Visier nehmen, indem sie sich in der Mitte des Meinungsspektrums ansiedeln und Unabhängigkeit zu allen Seiten demonstrieren.

In anonymen Großgesellschaft entsteht damit eine anonyme Großöffentlichkeit. Ein Raum, wo sich öffentliche Meinungen abseits von Parteien, Kirchen und anderen Institutionen formieren können – wo sich Millionen von Individuen kritisch mit dem Zustand ihrer Gesellschaft auseinandersetzen können, Einfluss nehmen auf die Politik und den Spielraum von Obrigkeiten und Eliten begrenzen. Die Demokratie, die zuvor in Parlamenten ihren Ausdruck erhielt und ansonsten auf Kundgebungen und Demonstrationen angewiesen war – also gebunden an menschliche Zusammenkünfte –, wird nun ergänzt um den massenhaften Austausch via Massenmedien.

Mit dem Aufkommen des Radios, der filmischen Wochenschauen und später des Fernsehens verstärkt sich der Einfluss der Massenmedien nochmals. Die sprachlich vereinheitlichte Nation ist in der Lage, gemeinsame Medien zu nutzen. Wenn es gut läuft, lassen sich nun Stimmungen sensibel aufnehmen, Fehlentwicklungen frühzeitig artikulieren und korrigieren. Wenn es schlecht läuft, machen sich die Mächtigen die neuen Machtmittel Untertan – durch gleichgeschaltete Indoktrination, die ganze Gesellschaften in die Irren führen.

Alle lesen, hören, sehen die gleichen Geschichten, die gleichen Meldungen, nehmen die gleichen Ereignisse wahr. Massenmedien schaffen eine Übereinkunft darüber, welche Probleme dringlich gelöst werden müssen. Und sie spannen ein Spektrum an Positionen darüber auf, wie diese Probleme gelöst werden sollten. Sie zeigen einer Gesellschaft, wer sie ist, was sie ist und wohin sie sich entwickelt.

In welchem Zustand sich eine Nation als Kollektiv befindet, erlebt sie, indem sie sich Geschichten erzählt. Erst das Entstehen von kollektiv geteilten Narrativen formt aus Individuen und Kleingruppen eine Nation, die in der Lage ist, sich als zusammengehörig zu empfinden und gemeinsam zu handeln. Oder sich gemeinsam aufzuregen, wie es der Philosoph Peter Sloterdjik formuliert hat: »Nationen, wie wir sie kennen«, seien nichts anderes, »als Effekte von umfassenden psycho-akustischen Inszenierungen, durch die allein tatsächlich zusammenwachsen kann, was sich zusammen hört, was sich zusammen liest, was sich zusammen fernsieht, was sich zusammen informiert und aufregt.« Für Sloterdjik ist eine Nation vor allem ein Medienraum. Und was darin passiert, beschreibt er karikierend als Erregungsgemeinschaft, in der »hochgradig aufgeheizte, hysteroide und panikartige Kommunikationsverhältnisse« herrschten.[105]

Massenmedien sind, so gesehen, Instrumente, die die Nation tagtäglich aufs Neue konstituieren: in Sprache, Gestus, Geschichten, Bildern, Normen. Gerade deshalb sind Nationalstaaten bis heute die dominierende Organisationsform.

NATIONALE SCHATTENSEITEN: VON FEINDBILDERN UND KOLLEKTIVEM IRRSINN

Nationen basieren auf Ausgrenzung. Um als Idee wirksam zu sein, müssen sie zwischen Insidern und Outsidern, zwischen Inländern und Ausländern, zwischen Inland und Ausland unterscheiden. In vornationaler Zeit waren diese Grenzen fließend.[106] Nationen jedoch können nur eine gemeinsame Identität entwickeln, wenn klar ist, wer dazu gehört und wer nicht. Aus ökonomischer Sicht ähnelt der hochentwickelte Nationalstaat einem Club. Nicht jeder kann Mitglied sein. Ein großer, aber begrenzter Bestand an öffentlichen Gütern bedingt, dass nicht unendlich viele Menschen sie nutzen können. Straßen und Schulen, Kitas und Wohnungen können überfüllt sein; bei einer zu großen Zahl von Nutzern entstehen »Verstopfungskosten« (*congestion costs*, im Ökonomenjargon). Staatliche Absicherungssysteme müssen sich gegen Ausbeutung schützen und auf die Balance zwischen Zahlern und Empfängern achten. Entsprechend ist eine gewisse Form von Abgrenzung sinnvoll. Wo allerdings harte Grenzen gezogen werden zwischen dem *Wir* und dem *Anderen*, entstehen Konflikte, womöglich sogar tödliche. Der gezähmte, aufgeklärte Nationalstaat sollte deshalb nach innen milde sein und nach außen kooperativ. Das aber gelingt nur phasenweise.

Im den letzten Jahrzehnten des 19. Jahrhunderts war die Machtbalance in Europa Garant für Frieden und Wohlstand. Das Konzert der Großmächte regelte Konflikte untereinander, die begrenzt blieben. Die Regierungen waren auf Ausgleich bedacht. Technokratische Eliten bemühten sich um die Setzung von internationalen Standards, sodass Handel und Kapitalverflechtungen gedeihen konnten (siehe dazu detailliert Kapitel 5).

Doch allmählich gewannen die Feindbilder von den *Anderen* – in Deutschland vor allem: den Franzosen – die Oberhand. Mentale Gräben wurden gezogen, lange bevor die Schützengräben des Ersten Weltkriegs zu Massengräben wurden. In vornationaler Zeit waren Kriege zumeist begrenzte Ereignisse, die von Söldnertruppen erledigt wurden im Auftrag ihres jeweiligen Königs, um territoriale Gewinne zu erzielen. Wenn sich jedoch Nationen gegeneinander aufstellen, haben Kriege das Potenzial, zu totalen Vernichtungsfeldzügen zu werden. Die Völkerschlacht bei Leipzig blieb den Nachkommenden auch deshalb in Erinnerung, weil die Zahl der Opfer für die damalige Zeit schockierend groß war. Doch der zerstörerische Horror, den das Zusammenspiel aus Industrialisierung und Nationalismus produzieren kann, kam erst in den beiden Weltkriegen des 20. Jahrhunderts zum Vorschein. Gnadenlos stellten die Militärführungen die Errungenschaften des technischen Fortschritts und der Massenproduktion in den Dienst der Vernichtung. Statt der 110.000 Toten von Leipzig im Jahr 1813 ließen nun Millionen, im Zweiten Weltkrieg gar Zigmillionen ihr Leben. Adolf Hitlers Deutschland überzog Europa mit Krieg, Terror und Völkermord in der wahnhaften Vorstellung, man befinde sich in einem Kampf auf Leben und Tod mit den Nachbarn und den Feinden im Innern, vor allem den Juden. Entweder werde die deutsche »Herrenrasse« triumphieren, oder sie müsse untergehen. Und die deutsche Nation ließ sich von diesem Irrsinn mitreißen.

Die Geschichte des Nationalstaats ist durchzogen von harter Abgrenzung, von Krieg, Leid und Vertreibung. »Gemeinsame politische Schicksale, d. h. in erster Linie gemeinsame politische Kämpfe auf Leben und Tod«, befand der Soziologe Max Weber in den 1920er Jahren, »knüpfen Erinnerungsgemeinschaften, welche oft stärker wirken als Bande der Kultur-, Sprach- und Abstammungsgemeinschaft. Sie sind es, welche (...) dem ›Nationalitätsbewusstsein‹ erst die letzte entscheidende Note geben.«[107]

Nach dem Ersten Weltkrieg wollten die Siegermächte unter Führung des US-Präsidenten Woodrow Wilson überall in Europa das Prinzip etablieren, wonach jede Nation ihren eigenen Staat haben sollte. Doch vor allem in Mittel- und Osteuropa gab es keine ethnisch homogenen Siedlungsgebiete. Weil Nationalstaaten nicht zur Bevölkerungsstruktur Osteuropas passten, blieb die Neuordnung nach 1918 fragmentarisch und widersprüchlich. Erst nach dem Zweiten Weltkrieg wurde das Prinzip entschlossener durchgesetzt – nun mit Gewalt, Vertreibungen und Zwangsumsiedlungen. In den 1990er Jahren versuchten die Völker des zerfallenen Jugoslawiens, durch »ethnische Säuberungen« auf brutale Weise homogene Nationalstaaten zu schaffen. Bis heute haben osteuropäische Länder Schwierigkeiten, Minderheiten zu integrieren, nicht nur aktuelle Zuwanderer, auch seit langem dort lebende Angehörige ethnischer Minoritäten.

Längst überwunden geglaubte Mythen und Traumata treten wieder zutage und beeinflussen die Politik. Russlands Präsident Wladimir Putin rechtfertigt die Annexion der Krim mit dem Hinweis, bei der Schwarzmeerhalbinsel handele es sich um einen Teil russischen Herzlands, das der Sowjetführer Nikita Chruschtschow in den 1950er Jahren unrechtmäßig an die Ukraine verschenkt habe und das nun zurück ins Reich geholt werden müsse. In Ungarn beschwört Viktor Orbán die uralte Geschichte der magyarischen Nation und begründet damit seine »illiberale Demokratie« samt Ablehnung europäischer Integration.

In Polen wird der Historiker Jan Gross von der nationalkonservativen Regierung verfemt. Im Jahr 2000 veröffentlichte er ein Buch mit dem Titel *Nachbarn*. Darin beschreibt er, wie 1941 polnische Katholiken in der Stadt Jedwabne 1.600 jüdische Nachbarn umgebracht haben. Inzwischen wolle man davon nichts mehr wissen, so Gross in der *Financial Times*. Die Tilgung negativer Aspekte der polnischen Geschichte sei zur Regierungsdoktrin geworden. Nun müsse er sich als »Verräter« und »Todfeind« Polens beschimpfen lassen, erklärt er dort. Die Regierung sei dabei, die »Geschichte umzuschreiben«, so Gross.[108]

In China hat das Bildungsministerium Anfang 2016 dekretiert, chinesische Schüler und Studenten, auch solche im Ausland, sollten verstärkt auf die Nation eingeschworen werden. »Lasst den patriotischen Geist organisch in alle Fächer, Lehrpläne und Standards« einfließen, heißt es in dem Dokument. Von der Grundschule bis zur Universität solle in allen Fächern – »Sprache, Geschichte, Geographie, Sport, Kunst und so weiter« – klar sein, dass man »immer der Partei folgen« müsse und dass »Negativität hinsichtlich der Geschichte der Partei, Nation, Revolution, Reform und Öffnung« gefährlich sei.[109]

Es scheint so, als kehre die schlechte alte Zeit zurück. Die Muster ähneln sich. An die Stelle des Diskurses tritt der Führerkult. An die Stelle der freien Medien tritt ein staatsabhängiges Rundfunksystem (TV, Radio). An die Stelle des produktiven, aber häufig nicht schön anzuschauenden öffentlichen Streits tritt eine einzige zentral vorgegebene Deutung: das brutal durchgesetzte hegemoniale Narrativ. An die Stelle der wahrhaftigen, aber manchmal anstrengenden Suche nach der komplexen Realität tritt das Feindbild als einfache Antwort – als extreme Form der Komplexitätsreduktion. An die Stelle der transparenzherstellenden Enthüllung tritt die Vertuschung von Verbrechen und Verfehlungen der Mächtigen. Eigentlich sollten wir längst weiter sein.

DIE WELT SIEHT ZU MIT GRAUSEN

Auch Deutschland erlebt einen neuen Zungenschlag in der Debatte. Ein Staat, der seine Grenzen nicht sichern kann, verliert seine Staatlichkeit – immer wieder ist dieser Satz seit Ausbruch der Flüchtlingskrise von 2015 in Abwandlungen durch die politischen Debatten gegeistert. Unhinterfragt, als politische Gewissheit. Offenkundig geht es darum, die weichen Grenzen, die wir uns als Teil der EU zugelegt haben, in harte zu verwandeln. Gegen wen oder was soll Deutschland also seine Grenzen sichern – gegen Flüchtlinge, Terroristen, Importgüter, Infektionskrankheiten, Giftstoffe, Ideen, Informationen?

Es ist noch nicht lange her, da war die fortschreitende Öffnung der Grenzen eine Gewissheit. Eine weltweite Bewegung wollte die engen Einschränkungen der Staatlichkeit einreißen. Ob im etablierten Westen, ob im ex- oder noch-kommunistischen Osten, ob in den bis dahin abgeschotteten Demokratien Lateinamerikas und Indiens – 1990 hatten die Bürger es satt, in kleinen, stagnierenden Volkswirtschaften zu verharren. Der nationale Mief der Nachkriegsjahrzehnte sollte verfliegen. Daten-, Güter- und Kapitalströme würden dafür sorgen, dass der Staat an Bedeutung, an Kontrollmöglichkeit und an Steuerungsfähigkeit verlöre, dass auch kulturelle Barrieren abgeschliffen würden, so die damalige Hoffnung vieler.

Nun hat eine Gegenbewegung eingesetzt: Sogar EU-Mitglieder schließen und sichern wieder Grenzen, die sie bisher unbedingt offen halten wollten. In den USA scheint Protektionismus zur vorherrschenden wirtschaftspolitischen Doktrin zu werden. Autoritär regierte Staaten wie China, Russland oder die Türkei versuchen derweil, sich gegenüber geistigen Einflüssen von außen abzuschotten. Drastisch haben sich die Prioritäten verschoben. Die Bürger suchen wieder Sicherheit durch den Staat. Dafür nehmen sie Einschränkungen ihrer Freiheit in Kauf. Die Regierenden sichern also Grenzen (Österreich, Ungarn), bekämpfen tatsächliche und vermeintliche Terroristen (Türkei), führen unerklärte Kriege (Russland). Alles nach dem Motto: Ein Staat, der seine Grenzen nicht sichern kann, verliert seine Staatlichkeit.

Es stellen sich drei Fragen: Werden sie damit Erfolg haben? Ist der Nationalstaat eigentlich noch die richtige Organisationsform, um mit modernen Problemen umzugehen? Und wozu sind Staaten überhaupt da? Die Antworten lauten: Nein. Nein. Und: um die Dinge zu regeln, die die Bürger nicht privat regeln können.

Wie dieses Kapitel gezeigt hat, besteht die zentrale Aufgabe des Staates darin, öffentliche Güter bereitzustellen – all jene Einrichtungen und Institutionen, die durch rein private Initiative nicht entstehen würden, die aber gebraucht werden, um das gedeihliche Zusammenleben und Wirtschaften zu fördern. Die Rolle des Staates ist im Laufe der Jahrhunderte immer weiter gewachsen. Je komplexer Gesellschaften wurden, desto mehr Institutionen brauchten sie, um kollektive Probleme zu bearbeiten – Gerichtsbarkeit, Armee, Polizei, Bildungseinrichtungen, soziale Sicherung, Umweltschutz, Datenschutz ... Gerade im 19. Jahrhundert wuchsen die staatlichen Aufgaben enorm. Binnen weniger Jahrzehnte entwickelten sich ländliche Agrargesellschaften zu großräumigen Industriegesellschaften. Großflächige Verkehrsnetze wurden benötigt, um Industriegüter zwischen den neu entstandenen Großstädten zu transportieren. Schulen und Hochschulen statteten die Industrie mit qualifizierten Beschäftigten aus. Sozialversicherungen schufen ein Auffangnetz gegen die Wechselfälle des Lebens, für die in den Städten keine stabilen Familienverbände mehr bereitstanden. Kleinräumige feudale Strukturen verloren an Bedeutung. Gesellschaften wurden größer und anonymer.

Um effektiv öffentliche Aufgaben erfüllen zu können, vereinheitlichten und vergrößerten die Staaten damals ihre Territorien. Entsprechend entstand das Deutsche Reich 1871 aus dem Deutschem Zollverein, als es ökonomisch opportun erschien. Andere Länder, wie England und Frankreich etablierten ausgedehnte Kolonialimperien. Die USA wurden zum den Kontinent umspannenden Großstaat.

Seine Legitimation bezieht ein Staat daraus, dass er gesellschaftliche Probleme lösen kann: dass er Wohlstand, Sicherheit und Freiheit produziert. Doch viele Fragen, mit denen wir derzeit konfrontiert sind, lassen sich nicht mehr durch einzelne Staaten auffangen: Humanitäre Katastrophen wie in Syrien, die Schädigung des Weltklimas durch Treibhausgase, wild fluktuierende Kapitalströme – all das übersteigt die Möglichkeiten heutiger Nationalstaaten. Falsche Patrioten mögen mit großen Versprechungen von einer besseren Zukunft ihre Gefolgschaft ködern. Aber sie werden ihre Ziele nicht erreichen. Das ist ein Problem: Wer keine Resultate liefert, verliert Vertrauen. Deshalb werden all die national gewirkten Führer letztlich scheitern. Bis es so weit ist, können sie allerdings eine Menge Schaden anrichten.

Rational betrachtet müssten wir heute alles daran setzen, den Nationalstaat zu überwinden. Weil seine Reichweite nicht mehr genügt, um die anstehenden Probleme zu lösen, müssten Teile staatlicher Souveränität auf internationale Ebenen verlagert werden. Wie das geschehen kann, damit beschäftigt sich das nächste Kapitel.

5. VON BRÜSSEL NACH UTOPISTAN

Wie sich der Nationalstaat überwinden lässt

Als sich die Regierungschefs der wichtigsten Länder der Erde zum ersten Mal zum Weltwirtschaftsgipfel trafen, genügten ihnen gut 1.100 Worte, um ihre Absichten zu erklären. In 15 knappen Punkten legten sie in ihrem Communiqué dar, was zu tun sei, um die damaligen gemeinsamen Probleme zu lösen. Makroökonomische Fragen – Konjunktur, Währungsschwankungen, Inflation – standen im Zentrum, daneben die Energieversorgung; es war die Zeit der Ölkrisen. Sechs Männer, davon vier Europäer, klar umrissene gemeinsame Anliegen: So war das damals, im November 1975, beim ersten Weltwirtschaftsgipfel im Schloss von Rambouillet nahe Paris.

Vier Jahrzehnte später ist die Situation ungleich komplexer. Das Communiqué des Gipfels von Hangzhou im September 2016 ist siebenmal so lang. Es umfasst 48 Punkte, die praktisch alle Politikbereiche berühren: nicht nur aktuelle Konjunkturfragen, sondern auch Welthandel, Finanzstabilität, Geldwäsche, Steuerwettbewerb, Klimaschutz, Ungleichheit, Terrorismus, Krieg, Flüchtlingsströme, Migration, Bildung, Forschung, die um sich greifende Resistenz gegen Antibiotika. Was zeigt, wie stark der globale Regelungsbedarf zugenommen hat. Unwahrscheinlich, dass die Communiqués künftiger Gipfel knapper ausfallen werden. Im Gegenteil, die Liste der globalen Probleme scheint sich immer weiter zu verlängern. Was zeigt, dass vieles als Problem erkannt, aber nicht gelöst wird.

Wer regiert eigentlich die Welt? Diese Frage stand bereits in den ersten beiden Kapiteln dieses Buches im Fokus. Dieses Kapitel wird sie eingehender untersuchen. 1975 war die Antwort ziemlich klar: Die beiden Hegemonialmächte USA und Sowjetunion sorgten in ihrer jeweiligen Hemisphäre nach ihrem jeweiligen

Verständnis für Ordnung. Was sie miteinander zu regeln hatten, beschränkte sich, damals im Kalten Krieg, auf Sicherheitsfragen. Waren- und Informationsaustausch zwischen beiden Blöcken gab es kaum. Auch innerhalb des Westens waren die Berührungspunkte begrenzt. Die USA führten militärisch und dominierten ökonomisch, auch wenn sie bereits den Zenit ihrer Machtfülle überschritten hatten. Zölle und Kapitalverkehrskontrollen schotteten nationale Märkte weitgehend ab. Große Migrationswellen gab es nicht. Umweltprobleme schienen regional begrenzt. Die Nationalstaaten hatten die Lage halbwegs im Griff.

Ganz anders heute: Die Welt ist hochgradig vernetzt; zwischen 1975 und 2015 hat sich das Welthandelsvolumen verzwanzigverfacht. Die Erde ist immer dichter bevölkert; die Bewohnerzahl ist von 4 auf 7,4 Milliarden gestiegen. Und sie wird immer intensiver genutzt; die Kohlendioxidemissionen haben sich mehr als verdoppelt. Die gegenseitigen Abhängigkeiten sind enorm gewachsen. Viele Probleme lassen sich nur noch gemeinsam lösen. Aber niemand hat die Macht dazu. Die wichtigsten westlichen Staaten treffen sich zwar immer noch im G7-Format. Viel ausrichten können sie allerdings nicht mehr. Nun sollen es die G20 regeln. Statt ein paar westlichen Regierungschefs und wenigen Beratern sitzen inzwischen Demokraten und Autokraten, Könige und Kommunisten zusammen, daneben die EU, die wichtigsten internationalen Institutionen und Organisationen sowie Tausende Experten.

Viele Regierungen stehen daheim unter Druck: Unzufriedene Bevölkerungen entziehen den Eliten das Vertrauen. Populisten sind auf dem Vormarsch, versprechen forsch nationale Lösungen durch Abschottung, die am Ende nicht funktionieren werden (siehe Kapitel 3), die aber den Handlungsspielraum der westlichen G20-Staaten einschränken. Eine gewaltige Schieflage ist entstanden: Während Autokraten wie Wladimir Putin und Xi Jinping zu Hause fest im Sattel sitzen und entsprechend breitbeinig nach außen auftreten, gibt der demokratische Teil der Welt ein schwaches

Bild ab. Die USA sind innerlich gespalten, wie der Wahlkampf von 2016 der Welt vor Augen geführt hat. Indien ist auf einem hindu-nationalistischen Kurs. Brasilien steckt in einer tiefgreifenden Krise. Großbritannien ist nach dem unseligen Referendum vom Sommer 2016 ganz damit beschäftigt, aus der EU auszusteigen und sich selbst neu zu finden. Frankreich ist in seiner derzeitigen Verfassung nur noch ein Schatten einstiger Größe. Auch Deutschland, bislang ein Anker politischer Stabilität, droht in schwereres Fahrwasser zu geraten, falls in einem künftigen Sechsparteienparlament, bestehend aus Union, SPD, Grünen, Linken, FDP und AfD, auch eine Große Koalition keine Mehrheit mehr bekommen sollte und sich Dreierkoalitionen mühsam zusammenraufen müssten. Die Schwäche des Westens wird auch darin deutlich, dass sich die transatlantischen Akteure kaum noch auf gemeinsame Standards bei Handel und Investitionen einigen können. TTIP, das Abkommen zwischen der EU und den USA, ist faktisch gescheitert (siehe Kapitel 1).

Lässt sich die Welt überhaupt regieren? Kann es so etwas wie eine internationale Ordnung heute noch geben?

DIE DEMOKRATISIERUNG DER GLOBALISIERUNG

Ganz prinzipiell ist staatliche Ordnung dazu da, gesellschaftliche Konflikte zu lösen und öffentliche Güter bereitzustellen (siehe Kapitel 4). In einer Welt grenzüberschreitender Konflikte und internationaler öffentlicher Güter bedarf es folglich Formen einer überstaatlichen Staatlichkeit. Die Formulierung mag paradox klingen. Aber das ist sie nicht. Der Nationalstaat erlebte seine Blüte im 19. Jahrhundert, als die großräumigeren Strukturen der Wirtschaft größere Marktgebiete und mehr öffentliche Güter, insbesondere stärkere Investitionen in Wissen (Humankapital) und Vertrauen (Sozialkapital), erforderten. Dieses Modell weiterzuentwickeln für die Anforderungen des 21. Jahrhunderts ist keine visionäre Utopie, sondern eine Notwendigkeit. Es ist die Alternative zum großen Nationaltheater, in dem wieder und wieder derselbe Refrain zu hören ist: Abschottung und Abgrenzung.

Nationen sind keine Inseln. Sie stehen in einer Vielzahl von Wechselbeziehungen mit dem jeweiligen Rest der Welt: Handelsströme überwinden Grenzen und Kontinente, weil Fähigkeiten und natürliche Gegebenheiten nicht gleichmäßig über die Fläche verteilt sind, sondern verschiedene Länder und Regionen aus ihren jeweiligen Spezialitäten Vorteile ziehen. Ersparnisse werden nicht nur im eigenen Land investiert, sondern überall dort angelegt, wo sie Rendite bei annehmbarem Risiko versprechen. Nicht alle Menschen wollen ihr Leben an dem Ort verbringen, an dem sie geboren wurden, sondern suchen anderswo Entfaltungsmöglichkeiten. Ideen, Informationen, Wissen, Kultur und Unterhaltung sind nicht ortsgebunden, sie schwirren um den Globus.

All das ist keine Erfindung des 21. Jahrhunderts, sondern eine jahrtausendealte Konstante. Menschen sind mobil; andernfalls wäre Homo sapiens nie aus Afrika herausgekommen. Erst recht sind die Produkte menschlicher Schaffenskraft mobil. Zu all diesen materiellen und virtuellen Strömen steht das Konzept des Nationalstaats in einem spannungsreichen Verhältnis. Verstehen sich Nationen als geschlossene Verbände, die am liebsten für sich sein möchten, entgeht ihnen eine Menge. Mehr noch: Sie tragen kaum zum Wohlergehen anderer bei; womöglich schädigen sie sogar den Rest der Welt – umso mehr, als es bei der heutigen Siedlungsdichte auf dem Globus um den Schutz weltweiter öffentlicher Güter wie der Erdatmosphäre und die Eindämmung negativer grenzüberschreitender Effekte (ungesteuerte Migrationsströme, Terror; siehe Kapitel 1) geht. Einerseits verfügt die Organisationsform des Nationalstaats über eindeutige Vorteile (siehe Kapitel 4). Solange sich Gesellschaften als Nationen verstehen, wäre es absurd – und zutiefst illiberal –, alles Nationale abschaffen und durch eine globale (oder europäische) Superbürokratie ersetzen zu wollen. Andererseits beeinflussen Nationalstaaten einander, im Guten wie im Schlechten. Als Ordnungsprinzip für die Welt des 21. Jahrhunderts ist der Nationalstaat deshalb nur noch bedingt tauglich. Ziel sollte es vielmehr sein, ein abgestuftes System von demokratisch legitimierten überstaatlichen Institutionen zu schaffen, denen wiederum überstaatliche Öffentlichkeiten gegenüberstehen. Es geht um nichts weniger als um die Demokratisierung der Globalisierung. Ansätze dazu gibt es einige. Aber dazu später mehr. Zunächst lohnt sich ein Rückblick.

DIE RÜCKKEHR DER GESCHICHTE?

Die Geschichte des modernen Staates ist eine Geschichte der Machtkonzentration. Um die Bevölkerung zu befrieden, bedarf es eines staatlichen Gewaltmonopols, das zunächst beim absolutistischen Alleinherrscher lag, später bei demokratisch legitimierten Institutionen. Im Zeitablauf wich das absolute Machtmonopol dem politischen Wettbewerb, ein Prozess, der einhergeht mit einer umfassenden Institutionalisierung und Verrechtlichung. Was blieb, war das Gewaltmonopol des Staates. In Demokratien darf es nicht willkürlich durchgesetzt werden. Die Exekutive ist gebunden durch Parlamente, Opposition, Gerichte, Verfassungen, Gesetze, Geschäfts- und Prozessordnungen, die die Institutionen auf Regeln verpflichten, sowie durch eine Öffentlichkeit, die sich in freier öffentlicher Rede und freien Medien in einem permanenten Diskurs austauscht. Soweit jedenfalls das Ideal.

Im zwischenstaatlichen Gefüge existiert prinzipiell kein Machtmonopol. Wir haben es mit einem grundsätzlich regellosen Raum zu tun, in dem jeder Staat souverän ist und in Konkurrenz oder Rivalität zu anderen steht. Deshalb sind internationale Beziehungen ein fragiles Gebilde, das leicht aus dem Gleichgewicht geraten kann. Allerdings gibt es auch im internationalen Gefüge ein Gegenstück zum innerstaatlichen Machtmonopol: die Hegemonialmacht. Sofern ein Staat über eine überwältigend große Konzentration von Machtmitteln verfügt, kann er anderen Ländern eine internationale Ordnung aufzwingen, *seine* Ordnung, die er zunächst nach in seinem eigenen Interessen gestaltet. Wenn es gut läuft, stabilisiert die Hegemonialmacht die internationalen Beziehungen, sie ebnet einen Weg zu Frieden und Wohlstand, womöglich gar zur Freiheit. Ob *Pax Romana* in der Antike oder *Pax Americana* nach 1945 – es waren Systeme, die nicht nur den Zentralmächten in Rom und Washington nützten, sondern auch jenen Ländern, die sie dominierten. So verstandene hegemoniale Stabilität schafft Ordnung im internationalen System und legt damit eine Grundlage für Prosperität. Erst durch diese positiven Effekte wird die Herrschaft der Hegemonialmacht legitimiert.

Doch je erfolgreicher das hegemoniale Regime ist, je besser sich die beherrschten Gebiete entwickeln, desto mehr emanzipieren sie sich. Über die Zeit verschiebt sich dadurch die Macht weg vom Zentrum hin zur Peripherie, sodass das hegemoniale System allmählich instabil wird.[110] Wie eingangs dieses Kapitels beschrieben, konnten die sechs wichtigsten westlichen Marktdemokratien in den 1970er Jahren noch unter amerikanischer Führung die damals zentralen Fragen der Weltwirtschaft bearbeiten. Heute sind sie dazu nicht mehr in der Lage. Die heutige Globalisierung, ursprünglich von Amerika und von US-gesponserten Institutionen (Internationaler Währungsfonds, Weltbank, Welthandelsorganisation) auf die Schiene gesetzt, hat den Aufstieg anderer Nationen befördert. Von einem Zustand hoher Konzentration aus hat sich die Macht auf dem Erdball nun auf viele Akteure verteilt. Die G20 sind der institutionalisierte Ausdruck dieses Prozesses der Machtdiffusion.

Die neue Vielstimmigkeit mag sympathisch erscheinen. Aber sie ist durchaus problematisch. Die Weltordnung droht in Unordnung zu geraten und in einen Zustand zurückzufallen, der gewisse Ähnlichkeiten mit der frühen Neuzeit aufweist: ein System aus vielen Staaten, in dem gleichsam der von Thomas Hobbes verabscheute Naturzustand herrscht – das Prinzip roher Macht, das Recht des Stärkeren. »Stehen wir am Beginn einer Periode, in der Kräfte jenseits der Begrenzung durch irgendeine Ordnung unsere Zukunft bestimmen?«, fragt denn auch der frühere US-Außenminister Henry Kissinger in seinem Buch *World Order.*[111] Da schwingen düstere Ahnungen mit, bei denen das Hintergrundrauschen des Dreißigjährigen Kriegs (1618 bis 1648) noch vernehmbar ist.

Damals war die einende Macht der römischen Kirche weggebrochen. In der Folge hatte sich das geographische Zentrum des Kontinents in ein riesiges Feld endloser Schlachten verwandelt. Als Lehre aus dieser Katastrophe entstand die »Westfälische Ordnung« (Kissinger). Die Verträge, die den Dreißigjährigen Krieg mit dem Westfälischen Frieden von 1648 beendeten, etablierten das Prinzip, wonach jeder Staat souverän sei und außerdem mit Bestandsschutz ausgestattet. Die inneren Angelegenheiten gingen die übrigen Staaten nichts an. Das System verpflichtete lediglich alle darauf, fortwährend die Machtbalance zu wahren. Sollte das Gleichgewicht gestört werden, weil einzelne Herrscher Expansionsgelüste verspürten, sollte sich eine Koalition von Staaten zusammenfinden, um das Gleichgewicht wieder herzustellen. »Das Geniale an diesem System«, findet Kissinger, habe darin bestanden, »dass seine Regeln prozedural waren, nicht inhaltlich«. Jeder Staat konnte innerhalb seiner Grenzen tun und lassen, was er wollte. Es ging einzig und allein um die Erhaltung des Friedens.[112] Wobei noch eine weitere Entwicklung half: Großbritanniens Aufstieg zur führenden Seemacht, die die *balance of power* auf dem Kontinent zur Staatsdoktrin erhob.

Das Westfälische System hatte jahrhundertelang Bestand. An der Wende zum 19. Jahrhundert wurde es zwar zwischenzeitlich schwer gestört durch die Französische Revolution und die darauf folgenden Napoleonischen Kriege – durch nationalen Eifer, der die Revolution und ihre Werte zu exportieren versuchte und nichts mehr gemein hatte mit dem westfälischen Prinzip der Nichteinmischung. Doch auch diese Gleichgewichtsstörung überstand das System; in der Leipziger Völkerschlacht (1813) fand sich eine breite Koalition gegen Napoleons Truppen zusammen (siehe Kapitel 4), um danach auf dem Wiener Kongress (1815) die alte Ordnung wiederzustellen. Über den Rest des 19. Jahrhunderts hinweg gab in Europa das »Konzert der großen Mächte« den Ton an – die Regierungen in London, Paris, Berlin, Wien und Moskau regelten die Dinge miteinander und ermöglichten eine lange Phase der Stabilität. Die westfälischen Prinzipien – eine austarierte Machtbalance und die Nichteinmischung in innere Angelegenheiten – galten weiterhin. Kriege waren nicht ausgeschlossen, wie jene Preußens gegen Österreich-Ungarn (1866) und Frankreich (1870/71). Aber sie blieben begrenzte Störungen der Ordnung. Schließlich wussten alle Beteiligten, dass sie später noch mit den Nachbarn zusammenarbeiten mussten. Erst der Nationalismus emotionalisierte die Politik derart, dass Konflikte nicht mehr beherrschbar waren, sondern in die Weltkriege des 20. Jahrhunderts mündeten.

DIE STUNDE DER TECHNOKRATEN

In der zweiten Hälfte des 19. Jahrhunderts genügte die fallweise Kooperation der Regierungen der Großen Mächte nicht mehr. Der internationale Austausch – Handel, Investitionen, Migration (insbesondere die Auswanderung in die USA), Wissenschaft – hatte bis dahin unbekannte Ausmaße angenommen. Entsprechend stieg der Abstimmungs- und Vereinheitlichungsbedarf. Es schlug die Stunde der Technokraten. Das Geldwesen wurde vereinheitlicht, indem alle wichtigen Staaten den Goldstandard übernahmen, der wiederum von der Bank von England gemanagt wurde. Da alle wichtigen Währungen an den Goldpreis gebunden waren, entstand ein System fester Wechselkurse, das eine stabile monetäre Basis für die internationalen Wirtschafsbeziehungen bot. Neue Institutionen wurden gegründet, als erste 1865 die Internationale Telegraphen-Union. Um diese damals noch neue Kommunikationstechnologie grenzüberschreitend nutzbar zu machen, bedurfte es gemeinsamer Standards; bis dahin mussten Nachrichten an der Grenze ausgedruckt und dann auf die andere Seite getragen werden, wo sie wiederum eingegeben wurden. Die Mitglieder der Telegraphen-Union einigten sich darauf, alle internationalen Nachrichten anzunehmen, sie schufen ein einheitliches Netz, vereinheitlichten die Gebühren und nutzten die neue Institution, um die Gebühren untereinander abzurechnen. Der Erfolg war durchschlagend. 1874 entstand nach diesem Vorbild der Weltpostverein. Der intensive grenzüberschreitende Handel erforderte standardisierte Gewichte und Maße; 1875 fand in Paris eine Konferenz statt, die die Verbreitung des metrischen Systems vorantrieb, früher Vorgänger der heutigen Internationalen Organisation für Normung (ISO). Auch die Zeit wurde standardisiert, 1912 wurde ein internationales Büro zur Harmonisierung der Zeitmessung in Paris eingerichtet.

So ging es weiter: Fragen der Gesundheit der Sozialstatistik, der Wirtschaft fanden nun in internationalen Foren statt, wurden angenähert, harmonisiert, vereinheitlicht, verrechtlicht. Kurz vor Ausbruch des Ersten Weltkriegs gab es rund fünfzig internationale Organisationen, die die Staaten der Welt in einem dichten Netz verbanden. Schienen- und Wasserstraßen, Maße und Eigentumsrechte, Gesundheitspolitik – internationale Institutionen übernahmen einen Teil der Regierungsarbeit und hoben sie auf eine zwischenstaatliche Ebene. Dazu kamen private internationale Organisationen in noch größerer Anzahl; Anfang des 20. Jahrhunderts gab es mehr als 600 davon.[113] Ein neuer Internationalismus hatte sich herausgebildet, eine (scheinbar) stabile Ordnung, in der Fachleute – Naturwissenschaftler, Ingenieure, Juristen, Ökonomen, Statistiker – den Ton angaben. Ein System, das von einer Mischung aus Vernunft und Idealismus getragen war. Den Erste Weltkrieg konnte es dennoch nicht verhindern.

Nach dem Krieg knüpften die Staaten abermals an diese Ideen an. Weitere, umfassendere Institutionen entstanden, darunter der Völkerbund und die Bank für Internationalen Zahlungsausgleich. Die Weltwirtschaftskrise ab 1929 und die folgende politische Radikalisierung, insbesondere in Deutschland, ließen die internationale Ordnung abermals erodieren. Am Ende des Zweiten Weltkriegs machten sich die USA und Großbritannien daran, die Institutionalisierung der globalen Beziehungen abermals zu intensivieren: Die Vereinten Nationen, der Internationale Währungsfonds, die Weltbank, das Welthandelsabkommen (GATT, später WTO) wurden gegründet, nun allerdings gesponsert von der neuen westlichen Hegemonialmacht USA.

Der Rückblick zeigt, dass die partielle Überwindung des Nationalstaats keine neue Erfindung ist, sondern eine 150 Jahre alte Tradition hat. Staaten, die internationale Abkommen abschließen und internationalen Institutionen beitreten, gehen äußere Bindungen ein, die im Widerspruch stehen zum nationalen Souveränitätsanspruch. Sie sind nicht mehr frei in ihren Entscheidungen, sondern müssen nun unter internationalen Nebenbedingungen agieren. Je umfassender die zwischenstaatliche Regelungsdichte wird, desto größer wird dieser Widerspruch. Der politische Raum spaltet sich in zwei Sphären: eine innerstaatliche Arena, in der Politiker, Bürger und Medien im demokratischen Spiel die Fiktion nationaler Souveränität pflegen, und eine internationale Arena, wo eine technokratische Elite nach eigenen Regeln agiert. Beide Sphären können spannungsarm koexistieren. Aber sie können auch in ernste Konflikte geraten.

Derzeit sind wir in einer Phase, in der beide Sphären auf Kollisionskurs sind. Das Wiederaufleben nationaler Strömungen, die Kritik an der Globalisierung, die Ablehnung der Europäischen

Union und des Euros, der Protest gegen Abkommen wie TTIP und CETA – die Konflikte zwischen Innen und Außen nehmen wieder zu. Mit potenziell gravierenden Folgen. Wie kommen wir aus dieser Situation heraus? Müssen wir die Demokratie aufgeben, um die Globalisierung fortsetzen zu können? Müssen wir uns einer wohlmeinenden Diktatur der Technokraten unterwerfen? Oder müssen wir die Globalisierung aufgeben, um die Demokratie zu erhalten?

Beginnen wir mit einem Blick auf unsere unmittelbare Nachbarschaft: die EU und die Eurozone.

WO BITTE GEHT ES NACH EUROPA?

Der Zustand der EU ist erschreckend. Seit Jahren ist Europa in einer Kette von Krisen gefangen. Allein in den vergangenen Jahren haben wir uns beschäftigt mit: der Banken-, der Schulden-, der Vertrauens-, der Euro-, der Klima-, der Krim-, der Ukraine-, der Flüchtlings- und schließlich der Brexit-Krise, ohne Anspruch auf Vollständigkeit. Europa sieht sich gefangen in einer Abfolge von Ausnahmezuständen. Unvorhersehbar, unabwendbar, unlösbar. So jedenfalls scheint es. Tatsächlich liegen die Dinge etwas anders. Krisen, die lange vor sich hin schwelen, ziehen die nächsten Schwierigkeiten nach sich. Aus den ungelösten Problemen von gestern erwachsen die Krisen von morgen. Daran ließe sich sehr wohl etwas ändern.

Europa quält sich. Das ist seit Jahren bei jedem Gipfeltreffen offensichtlich. So war es auch im Herbst 2015. Die Flüchtlingskrise strebte ihrem Höhepunkt zu. Doch die Positionen der EU-Staaten waren fixiert, die Fronten verhärtet. Einige Länder machten die Grenzen auf, andere bauten Zäune und Mauern. Schließlich machte eine Koalition von Staaten unter österreichisch-ungarischer Führung auf eigene Faust die Grenzen dicht auf der Balkanroute. Ein dramatisches Versagen der EU.

Es ist nur so: Die Flüchtlingskrise ist kein singuläres Ereignis. Sie ist Teil einer langen Kette von Fehlentwicklungen. Hätten es die Europäer geschafft, die Eurokrise zügig zu lösen, statt sie immer weiter hinauszuschieben, hätte sich auch die Flüchtlingskrise leichter lösen lassen. Warum? Weil der jahrelange Streit um die gemeinsame Währung, um Sparvorgaben und Reformversäumnisse eine Menge Vertrauen gekostet hat. Der europäische Geist früherer Jahre ist nachhaltig beschädigt. Auch die wirtschaftlichen Voraussetzungen sind nicht gerade günstig für eine Politik der offenen Arme. Anders als Deutschland, wo 2015 die Wirtschaftslage gut war und Arbeitskräftemangel herrschte, lag der große Rest Europas ökonomisch darnieder. In vielen Ländern ist die Wirtschaft nach der tiefen Rezession von 2009 nicht wieder richtig auf die Beine gekommen. Die Arbeitslosigkeit bleibt hoch, der Wohlstand bröckelt. Prekär war die Lage gerade in jenen Ländern, wo viele der Neuankömmlinge als erstes EU-Boden betreten: Griechenland und Italien. Auch Ungarn, kein Eurostaat, aber eng mit der Eurozone verflochten, verzeichnet erst seit 2014 wieder spürbares Wachstum. In Kroatien ist die ökonomische Lage nach wie vor harsch, die Arbeitslosigkeit hoch. Um nur einige Beispiele herauszugreifen. Wenig verwunderlich, dass Nationen in wirtschaftlichen Schwierigkeiten sich kaum in der Lage sehen, große Zahlen von Zuwanderern aufzunehmen und zu integrieren. Das war übrigens in Deutschland Anfang der neunziger Jahre nicht anders: Angesichts steigender Arbeitslosigkeit und überanspruchter Sozialsysteme nach der Wiedervereinigung machte damals eine informelle große Koalition die Grenzen für Asylbewerber praktisch dicht.

So gesehen ist die Unfähigkeit der EU, eine adäquate gemeinsame Antwort auf den Zuzug von Millionen von Menschen zu finden, auch eine Folge der Unfähigkeit der Eurozone, eine adäquate Antwort auf die Eurokrise zu finden.

Damit kommt die nächste Krise ins Spiel: Das Brexit-Referendum wäre sehr wahrscheinlich anders ausgegangen, wenn die EU eine vernünftige und kohärente Haltung in der Zuwanderungspolitik verfolgt hätte. Zuwanderung, die Angst vor Überfremdung, die Bilder des Flüchtlingslagers (»Dschungel«) in Calais am Eingang zum Kanaltunnel – das war das entscheidende Thema für die Wahlentscheidung vieler Briten. Mit der Folge, dass sich die Krisenkette immer weiter verlängert: von der Banken-, über die Euro- und die Zuwanderungskrise bis hin zum Austritt Großbritanniens aus der EU – und künftig womöglich noch anderer Länder. Um nicht missverstanden zu werden: All diese Krisen haben unterschiedliche Ursachen. Dass sie immer weiter schwelen, hat jedoch die gleiche Ursache: die Unfähigkeit der EU-Staaten, die Probleme nachhaltig zu lösen. Jede weitere Krise verschlechtert die Kooperationsfähigkeit der Europäer.

Die Eurozone hat es unter Berliner Führung versäumt, die Voraussetzungen für ein entschlossenes Aufräumen nach dem Kreditboom der Nullerjahre zu schaffen. Mehr noch: Sie hat sie bewusst nicht geschaffen. Entsprechend langsam läuft der Schuldenabbau; die Wirtschaft kommt nicht in Gang. Beunruhigende soziale und politische Spannungen bleiben bestehen und tragen den Keim künftiger Verwerfungen in sich. Auch außenpolitisch schaden die andauernde wirtschaftliche Schwäche und der fortwährende innereuropäische Streit. So nimmt die russische Führung die Risse in der EU sehr wohl wahr und versucht, ihren Einflussbereich auszudehnen. Weil Europa vor allem mit sich selbst beschäftigt war, blieb die Lage von Millionen syrischer Flüchtlinge in der Türkei, in Jordanien und im Libanon unbeachtet. Entsprechend unvorbereitet war die EU, als viele der Menschen begannen, anderswo Schutz zu suchen.

EUROPAS LEBENSLÜGEN

Aus den ungelösten Problemen von gestern erwachsen die Krisen von morgen. Die EU muss deshalb dringend ihre Institutionen reformieren. Sie muss mehr Integration wagen. Vor allem muss sie sich von drei Lebenslügen verabschieden.

Die *erste* lautet: Der Integrationsprozess geht immer weiter. Formal ist die EU nach wie vor auf dem Weg zu einer »immer engeren Union der Völker Europas«, wie es seit 1957 in den europäischen Verträgen heißt. Die Realität sieht anders aus: Angesichts der Flüchtlingskrise ist der grenzenlose Schengen-Raum wieder von Zäunen durchzogen. Die gemeinsame Währung müssen eigentlich alle Länder (bis auf Großbritannien und Dänemark) einführen. Aber die Nationen stehen nicht gerade Schlange. Polen, das lange als Kandidat galt, wird unter der Partei Recht und Gerechtigkeit auf einen nationalen Trip geschickt, der vom Euro weg führt. Die Währungsunion steht auch Jahre nach Ausbruch der Eurokrise nicht auf solidem Fundament. Griechenland taumelt immer wieder – immer noch – am Rande des Staatsbankrotts. Regelmäßig bestrafen die Märkte Länder wie Portugal mit Zinsaufschlägen. Eine »immer engere Union« stellt man sich anders vor.

Die *zweite Lebenslüge* besteht darin, dass die EU immer mehr Mitglieder aufnehmen könne. Seit Mitte der neunziger Jahre hat sich die EU von 12 auf 28 Mitgliedstaaten aufgebläht. Aus einem exklusiven Klub reicher westlicher Länder ist ein kontinentumspannendes Gebilde von einer halben Milliarde Menschen geworden. Immer noch führt Brüssel weitere Beitrittsverhandlungen. Das Wohlstandsgefälle zwischen West und Ost, zwischen Nord und Süd ließ sich noch halbwegs managen, solange die Wirtschaft brummte. Im Angesicht der Multikrise des Kontinents sind allerdings auch kulturelle Bruchlinien zutage getreten, die sich nicht so einfach überwinden lassen. Sogar EU-Beamte raunen inzwischen von »imperialer Überdehnung« – ein Begriff, den Historiker für

Großreiche verwenden, die sich territorial übernommen hatten und deshalb irgendwann auseinanderbrachen.

Die *dritte Lebenslüge*: Europa ließe sich aus Hinterzimmern regieren. Die EU ist im Kern ein Elitenprojekt geblieben, das vornehmlich von hochqualifizierten Technokraten gesteuert wird. Sicher, es gibt ein Europäisches Parlament, das sich immer weitere Rechte erkämpft hat. Aber es gibt kein europäisches Volk. Es gibt auch keine breit genutzten europaweiten Medien, mit denen eine grenzüberwindende Verständigung, öffentliche Kontrolle und Willensbildung möglich wäre. Das war kein Problem, solange die Bürger das Gefühl hatten, die europäischen Eliten würden aus ihren Hinterzimmern heraus die EU schon in eine gute Zukunft steuern. Frieden, Wohlstand, Sicherheit – das waren Europas große Versprechen. Die Multikrise hat das Vertrauen in die Weisheit der Hinterzimmer-Deals erschüttert. Eine Konstellation, die derzeit national gesinnte Populisten allerorten für sich zu nutzen wissen.

Wir sind Zeugen einer Katastrophe in Zeitlupe. Geht es weiter wie bisher, werden künftige Historikergenerationen ein vernichtendes Urteil über die Europapolitik unserer Epoche fällen. Über viele Jahre ist es nicht gelungen, die Eurozone nachhaltig zu stabilisieren. Dadurch sind auch die Fliehkräfte im Rest der EU gewachsen. Natürlich, seit 2010 ist eine Menge passiert in Europa. Ganze Gesellschaften haben sich zurück zur Wettbewerbsfähigkeit gespart. Ein umfangreicher Mechanismus ist entstanden, mittels dessen die EU-Kommission alle irgendwie wirtschaftsrelevanten Politikbereiche zentral kontrolliert (»Europäisches Semester«). Die Europäische Zentralbank (EZB) hat auf eigene Faust ihren Aktionsradius bis hart an die Grenzen der Legalität ausgedehnt, so weit, dass sie die Verfehlungen der Politik eine Zeitlang ausbügeln konnte. Aber all das genügt nicht.

Jeder funktionierende Währungsraum der Welt verfügt über drei essenzielle Bausteine:

- einen automatischen Ausgleich zwischen wachsenden und kriselnden Regionen durch ein gemeinsames Budget, beispielsweise eine übergreifende Arbeitslosenversicherung;
- eine möglichst klare Zuweisung von Aufgaben, Ausgaben und Einnahmen zwischen der regionalen und der gemeinschaftlichen Ebene inklusive der teilweisen Übertragung von Hoheitsrechten, wodurch es möglich wird, gemeinsame Regeln einheitlich durchzusetzen;
- eine zentrale Institution, die den Volkswillen repräsentiert, in Demokratien Parlament genannt (über das die EU verfügt, nicht aber die Eurozone).

Ohne diese drei Bausteine sind ökonomische Spannungen, die innerhalb einer Währungsunion unweigerlich auftreten, kaum lösbar. Spannungen, die wiederum fast automatisch zu politischen Konflikten führen. In der Eurozone ist das zu besichtigen: Die Regierungen quasi-souveräner Einzelstaaten sitzen regelmäßig übereinander zu Gericht, bewerten allerlei Politikmaßnahmen und verhängen notfalls sogar Strafen gegeneinander. Währenddessen bleiben gravierende ökonomische und soziale Ungleichgewichte – gigantische private und öffentliche Schulden, hohe Arbeitslosigkeit – bestehen. Die Folgen: Ärger, Frust, Zoff – obwohl der Euro doch eigentlich zur permanenten Befriedung eines einstmals in grausame Kriege verstrickten Kontinents beitragen sollte.

Prinzipiell unterscheiden sich die wirtschaftlichen Probleme der Eurozone nicht von denen der USA oder Großbritanniens: Als die Krise 2008 ausbrach, hatten auch sie unter geplatzten Immobilienblasen, hoher Verschuldung und maroden Banken zu leiden. Inzwischen sind die USA und Großbritannien längst weiter: Frühzeitig haben sie faule Kredite abgeschrieben und den Finanzsektor aufgeräumt. Der Eurozone hingegen fehlen dazu die Instrumente und Institutionen. Dass die Bürger nun auch Populisten von links und rechts wählen, verschärft die Konflikte noch weiter.

Auch die Griechenland-Krise hätte sich in einer föderalisierten Eurozone gar nicht erst derart zugespitzt. Statt quälender Verhandlungen und wechselseitiger Drohgebärden hätte es frühzeitig direkte Eingriffsmöglichkeiten gegeben: Euro-Behörden hätten die Möglichkeit gehabt, aktiv vor Ort zu helfen – von der Steuererhebung über Qualifizierungsmaßnahmen bis zur Gesundheitsversorgung. Womöglich hätten Euroanleihen den griechischen Banken als Sicherheiten gedient, sodass auch der drohende Bankrott des Staates nicht automatisch den Zusammenbruch des Finanzsektors mit sich gebracht hätte. Wenn nur ein Teil der Energie und Zeit, die seit 2010 fürs Krisenmanagement aufgewendet wurden, in den weitsichtigen Ausbau der Eurozone geflossen wäre, Europa wäre längst gerettet. Ideen dazu liegen seit Langem auf dem Tisch: Bereits im November 2012 legte die EU-Kommission ein umfangreiches »Konzept für eine echte Wirtschafts- und Währungsunion« vor. Doch die Mitgliedstaaten, gerade auch Deutschland, wollten von einer weiteren Integration nichts wissen.

Woran also scheitert Europa? Europa steckt in einem Stadium zwischen nationaler und überstaatlicher Ordnung fest. Ein schwieriger Zustand, spieltheoretisch gesehen.

DIE GROSSE VAROUFAKIS-SHOW

Das erste Halbjahr 2015 bot interessantes Anschauungsmaterial dafür, was in Europas Politik substanziell falsch läuft, welche spezifischen Bedingungen herrschen, die es anderswo nicht gibt – und wie sich die Eurozone doch noch auf Dauer stabilisieren ließe.

Zur Erinnerung: Aus der Wahl in Griechenland Anfang 2015 war die linkspopulistische Syriza-Partei als Gewinner hervorgegangen – mit der Ansage, die Politik der fortgesetzten Haushaltskürzungen zu beenden. Ein schwieriges Versprechen. Schließlich brauchte Syriza dafür einen Deal mit seinen Gläubigern, also den übrigen Eurostaaten und dem Internationalen Währungsfonds. Als Verhandlungsführer beauftragte die neue Regierung einen linken Ökonomen mit Hang zum großen öffentlichen Auftritt. Griechenlands damaliger Finanzminister, Yianis Varoufakis, ist von Haus aus Spieltheoretiker. Ein Fachmann also für einen Zweig der Volkswirtschaftslehre, der analysiert, wie sich rational handelnde Personen in Konfliktsituationen verhalten, etwa bei Verhandlungen oder bei Wettkämpfen. Eines der einfachsten strategischen Spiele ist das sogenannte *Chicken Game*, wie es etwa aus dem George-Lucas-Filmklassiker *American Graffiti* bekannt ist: Zwei Autos rasen aufeinander zu – wer zuerst ausweicht, hat verloren. Gelegentlich hatte man den Eindruck, Varoufakis folge einem Chicken-Game-Drehbuch. Einem »unkooperativen Spiel«, wie es unter Ökonomen genannt wird.

Yianis Varoufakis sagt selbst in seinem Buch *Game Theory*: »In unkooperativen Spielen gibt es keine bindenden Absprachen. Die Spieler können sagen, was immer sie wollen, es gibt keine externe Stelle, die sie dazu zwingen kann, zu tun, was sie zugesagt haben.« So steht es auf Seite 113 des Buchs, das er 1995 mit seinem Co-Autor Shaun Hargreaves Heap veröffentlichte.[114] So weit die Theorie. In der politischen Realität jedoch funktioniert dieser Was-stört-mich-mein-Geschwätz-von-gestern-Ansatz nicht. Varoufakis erlebte das im Frühjahr 2015: Ganz allein stand er der größtmöglichen Koalition aus den übrigen 18 Euro-Finanzministern gegenüber. Spieltheoretisch ausgedrückt: In der Eurozone haben wir es mit einem »Superspiel mit unendlichem Zeithorizont« zu tun. Die Akteure sitzen also nicht nur einmal zusammen, sondern unabsehbar oft. In einem solchen Setting sind andere Strategien erfolgreich: Wer sich rücksichtslos durchzusetzen versucht, kann nämlich in der nächsten Runde von den anderen bestraft werden. Wer sich hingegen kooperativ verhält, kann seinerseits mit Kooperation belohnt werden. Es ist also vernünftig, auch mal zurückzustecken, anders als in einfachen Spielsituationen. Berechenbarkeit zahlt sich aus. Vertrauen und Glaubwürdigkeit werden zu entscheidenden Kategorien.

So lässt sich das Agieren von Bundesfinanzminister Wolfgang Schäuble während des Griechenland-Showdowns von 2015 interpretieren: Er blieb unbeirrt auf Kurs – Hilfe ja, aber nur zu harten Bedingungen; kein Einstieg in eine Transferunion; Schuldenabbau, auch wenn es sehr lange dauert. Man kann mit Recht fragen, ob dieser Kurs ökonomisch richtig ist. Politisch aber war er erfolgreich: Seine Anhängerschaft in der Eurozone wuchs – Spanier, Iren, Portugiesen und die meisten osteuropäischen Länder spürten wenig Neigung, Griechenland mit weiteren Sonderkonditionen zu helfen. Am Ende musste die griechische Regierung klein beigeben. Varoufakis war als Minister nicht mehr tragbar.

Allerdings ist damit das Spiel keineswegs zu Ende. Die Situation ist längst nicht stabil. Denn sobald die Eurozone – und damit das europäische Integrationsprojekt – insgesamt ins Wanken gerät, sind die Kosten für Deutschland politisch und wirtschaftlich desaströs hoch. Die Griechenland-Krise zeigt, wie fragil die Konstruktion der Währungsunion ist. Chronische ökonomische Probleme in einem Mitgliedstaat können zu nicht mehr beherrschbaren Situationen führen. Die Eurozone mag ein »Superspiel« betreiben, aber es ist immer noch ein unkooperatives. Vertreter souveräner Regierungen verhandeln miteinander. Das funktioniert nur, solange eine große Mehrheit an einem Strang zieht. Können sie sich nicht einigen, gibt es keine Instanz, die sie dazu zwingt.

Es gibt zwei Möglichkeiten, zu einer nachhaltig stabilen Konstellation zu kommen: *Entweder* eine überragende Großmacht sorgt für »hegemoniale Stabilität« und schafft eine internationale Ordnung, der sich die anderen fügen. So wie die USA nach dem Zweiten Weltkrieg. Im heutigen Europa müsste wohl Deutschland diese Rolle übernehmen. *Oder* die Eurozone schafft den Sprung in die Welt der »kooperativen Spiele«: Eine übergeordnete Instanz wird geschaffen, die eigene Legitimität genießt und in der Lage ist,

Absprachen zwischen den Mitgliedstaaten bindend zu machen. Wer Verträge verletzt, wird zur Rechenschaft gezogen.

Dass Deutschland auf Dauer die Eurozone beherrschen kann, ist weder politisch erträglich noch ökonomisch tragbar. Nur eine föderale Lösung kann deshalb der Eurozone dauerhafte Stabilität garantieren. In diesem neuen Spiel wären auch bundesstaatliche Mechanismen der (begrenzten) Umverteilung und Risikoteilung möglich, ohne die kein Währungsraum der Welt auf Dauer funktioniert (siehe voriger Abschnitt). Ein eigenes Eurozonen-Parlament würde über ein Eurozonen-Budget entscheiden, finanziert aus eigenen Steuern. Ein Teil der nationalen Schulden würde zu Eurobonds zusammengefasst. Auch der Rettungsfonds ESM würde von diesem Parlament kontrolliert. Eine einheitliche soziale Mindestabsicherung würde eingeführt. Eine Eurozonen-Regierung – ein Euro-Finanzminister – bekäme eigene Durchgriffsrechte in den Mitgliedstaaten. Die Eurozone würde sich zu einem harten EU-Kern mit Zügen echter Staatlichkeit verdichten, die EU insgesamt würde zurückgebaut in einen lockeren Verbund: nicht viel mehr als eine Freihandelszone – in der auch Großbritannien Mitglied bleiben könnte.

Eigentlich wären die Krisen Europas also vergleichsweise leicht lösbar. Ein relativ lockerer Föderalismus mit begrenzter Umverteilung und Risikoteilung könnte die ökonomische Lage innerhalb der Eurozone nachhaltig verbessern und die politischen Konflikte eindämmen. Dennoch gelingt es nicht, diesen Schritt zu machen. Wenn es Europa schon nicht schafft, seine Probleme in den Griff zu bekommen, wenn Länder, die sich kulturell so ähnlich sind, die eine gemeinsame Geschichte und das Erbe des christlichen Glaubens teilen, keine tragfähige Überstaatlichkeit herstellen können – wie soll dann eine globale *governance* funktionieren?

DAS »TRILEMMA« DER GLOBALISIERUNG

Der türkisch-amerikanische Ökonom Dani Rodrik vertritt bereits seit langem die Ansicht, die Globalisierung sei zu weit gegangen. Über Jahre war der Harvard-Professor ein exotischer Außenseiter. Inzwischen jedoch ist er zu einem vielbeachteten Analytiker der Globalisierung geworden, den sogar der Internationale Währungsfonds in seinem hauseigenen Magazin *Finance & Development* in einem großen Porträt präsentiert.[115] Rodrik spricht von einem »Trilemma«, einem fundamentalen Zielkonflikt zwischen drei Größen: der Globalisierung, der Souveränität des Nationalstaats und der Demokratie. Seiner Analyse zufolge müssen wir uns entscheiden: Wir können nicht alles haben, sondern immer nur zwei Dinge zur gleichen Zeit. Rodriks Trilemma hat drei mögliche Lösungen:

- Wenn wir uns für die Globalisierung und den Nationalstaat entscheiden, müssen wir auf die Demokratie verzichten. In diesem Fall gibt der globale Markt die Regeln vor, die der Nationalstaat umsetzen muss. Demokratische Freiheitsgrade verschwinden. Letztlich müsse alles den Interessen der international mobilen Produktionsfaktoren, insbesondere des Kapitals, unterworfen werden. Umverteilung wird weitgehend unmöglich. Rodrik spricht von einer »goldener Zwangsjacke«.
- Entscheiden wir uns hingegen für den Nationalstaat und die Demokratie, müssen wir die Globalisierung zurückdrehen. So wie es in den ersten Nachkriegsjahrzehnten der Fall war, als der internationale Handel durch Zollgrenzen und andere Importbeschränkungen begrenzt war und insbesondere die Kapitalströme durch Kontrollen beschränkt. Der »Bretton-Woods-Kompromiss«, benannt nach jenem Ort im US-Bundesstaat New Hampshire, an dem 1944 die Konferenz zur Gründung von IWF und Weltbank stattfand, beschränkte den internationalen

Austausch zugunsten von Währungs- und Finanzmarktstabilität und nationaler Souveränität.

- Die dritte Option zur Lösung des Trilemmas besteht darin, den Nationalstaat aufzugeben. Die Globalisierung schreitet weiter voran, während die Demokratie auf eine internationale Ebene gehoben wird. An die Stelle der nationalstaatlichen Regierungsform tritt eine *global governance*.[116]

Rodrik plädiert für Lösung b: ein Zurückdrehen der Globalisierung – zurück in die sechziger Jahre, sozusagen. Lösung c hält er nicht nur aus praktischen Gründen für nicht erreichbar, er hält sie auch für prinzipiell nicht wünschenswert. Die Unterschiede zwischen den Nationen seien einfach zu groß, als dass sie sich einheitlichen Regeln unterwerfen würden, selbst wenn diese Regeln auf globaler Ebene in irgendeiner Form demokratisch legitimiert seien. Ohnehin werde man sich allenfalls auf einen kleinsten gemeinsamen Nenner einigen können, was zu einem schwerwiegenden Defizit an staatlicher Regulierung führen würde.

Rodriks These besticht durch ihre Klarheit und durch die scharfkantigen Optionen, die sie herausstellt. Aber sie ist so zugespitzt, dass sie die Welt und die politischen Wahlmöglichkeiten für die Zukunft nicht korrekt beschreibt. Ich greife drei Punkte heraus:

Erstens: Die Globalisierung zwingt keineswegs allen Nationen ein und dasselbe System auf. Rodrik zeichnet eine neoliberale Zerrwelt, in der es nur darum geht, das »Vertrauen der Märkte zu gewinnen sowie Handels- und Kapitalströme anzulocken«, in der Geld notwendigerweise knapp ist, öffentliche Sektoren klein und die Steuern niedrig sind, die Arbeitsmärkte flexibel und alle übrigen Märkte dereguliert und privatisiert.[117] Es ist nur so: Die Welt ist so nicht. Geld ist keineswegs knapp, sondern im Übermaß vorhanden (siehe Kapitel 2). Rund um den Globus sind viele Kombinationen von Staat, Markt und Demokratie zu beobachten.

Staatliche Sektoren sind keineswegs überall völlig ausgedünnt. Die skandinavischen Länder, aber auch Deutschland verteilen große Teile der Wirtschaftsleistung durch die Staatskassen um und erwirtschaften auch noch stattliche außenwirtschaftliche Überschüsse. In vielen Ländern sind in den vergangenen Jahren die Steuern gestiegen. Die Mindestlöhne wurden reihum angehoben (Kapitel 3). Es gibt ganz unterschiedliche Maße von staatlicher Umverteilung, selbst innerhalb der EU, selbst innerhalb der Eurozone. Auch in den weniger entwickelten Ländern gibt es ganz unterschiedliche Systeme, wie ein Vergleich der beiden Superstaaten China und Indien zeigt. Das ist auch nicht verwunderlich: Wie wir in Kapitel 4 gesehen haben, ist der Staat als ökonomischer Akteur kein parasitärer Kostgänger, sondern gerade die Voraussetzung für eine moderne, arbeitsteilige Wirtschaft. Er sollte allerdings effizient organisiert sein, Bürger und Unternehmen nicht mit schlechten Leistungen, unnötigen Wartezeiten, bürokratischem Aufwand oder gar Korruption belasten. Wenn die Globalisierung Bürokratien in dieser Hinsicht besser macht, wird wohl niemand etwas dagegen haben. Wo zu wenig für Bildung ausgegeben wird und zu viel für staatlichen Konsum und sinnlose Prestigeprojekte, da werden Investoren zu recht nervös. Mit anderen Worten: Die Globalisierung mag nationale Wahlmöglichkeiten einengen, aber zu behaupten, sie zwinge der Menschheit ein uniformes undemokratisches System auf, ist eine unzulässige Überspitzung.

Zweitens: Die Welt der sechziger Jahre war keineswegs eine, in der nationale Autonomie herrschte. Das System von Bretton Woods funktionierte unter amerikanischer Ägide. Und auch die entscheidende internationale Institution jener Zeit, der IWF, wurde von den USA als größter Anteilseigner gestützt. Da die Wechselkurse gegenüber dem US-Dollar fixiert waren, hatten die beteiligten Staaten keine Autonomie über ihre Geldpolitik. Auch Finanzpolitik musste sich dem Primat der Wechselkursstabilität unterordnen. Eine deutliche Flexibilitätseinbuße. Wer mit seinem Wechselkurs nicht klarkam, musste zum IWF gehen und ein Anpassungsprogramm aushandeln. Nationalstaatliche Autonomie stellt man sich anders vor. Übrigens ist der Lebensstandard seit den sechziger Jahren dramatisch gestiegen, nicht nur in den reichen Ländern. Milliarden von Menschen geht es heute besser als damals. Lebensbedrohliche Armut ist nicht verschwunden, aber zurückgegangen, und das obwohl die Weltbevölkerung heute mehr als doppelt so groß ist wie damals (siehe Kapitel 1). Ein Zurückdrehen der Globalisierung würde aller Erfahrung nach drastische Einschränkungen der Lebensqualität für viele Menschen bedeuten.

Drittens: Die Globalisierung lediglich auf Ströme von Gütern, Kapital und Menschen zu beziehen, die man durch staatliche Maßnahmen beliebig regulieren kann, ist eine unzulässige Verkürzung. Die Globalisierung ist eine umfassende Entwicklung, die viele Facetten hat: technologische, ökologische, emotionale. Wie in Kapitel 1 gezeigt, vernetzen Internet und Smartphones die Welt, weshalb beispielsweise Afrikaner heute ziemlich gut Bescheid wissen über das Leben in Europa. Dass sie diesen Lebensstandard auch für sich wünschen und bereit sind, dafür gegebenenfalls große Risiken einzugehen, wird sich nicht durch Grenzkontrollen abschaffen lassen. In der total vernetzten Welt gibt es emotionale Spillovers in großem Umfang. Bilder verbreiten sich um den Globus, insbesondere von Katastrophen. Sie rühren uns an und beeinflussen Politik, etwa Angela Merkels Entscheidung von 2015, die Flüchtlinge auf der Balkanroute nach Deutschland einreisen zu lassen. Immer mehr Menschen nehmen am Austausch von Wissen und Informationen rund um den Globus teil. Das schafft eine eigene Dynamik der Gedanken und Ideen. Wenn wir uns nach Rodriks Vorstellungen von der Globalisierung abwenden, müssen wir dann unsere grenzüberschreitenden Kommunikationswege abschalten? Ich befürchte, dann würden wir erst recht die Demokratie aufgeben.

Aus diesen Überlegungen ergeben sich ganz andere Optionen, als Rodriks Trilemma nahelegt: Da die Globalisierung *im engeren Sinne* sich nur zu hohen Kosten zurückdrehen lässt, ist ein Rückfall in Protektionismus nicht wünschenswert. Und da die Globalisierung *im weiteren Sinne* sich kaum beschränken lässt, sollte es darum gehen, die damit einhergehenden Konflikte zu lösen und die dafür notwendigen internationalen öffentlichen Güter bereitzustellen. Der naheliegende Ansatz besteht darin, das im späten 19. Jahrhundert gewachsene System aus Nationalstaaten und internationalen Institutionen fortzuentwickeln.

DAS KONZERT DES 21. JAHRHUNDERTS

Wie die Dinge liegen, ist die beste Hoffnung und erfolgversprechendste Lösung, dass sich so etwas wie ein globales Konzert der großen Mächte herausbildet, ähnlich wie im Europa des 19. Jahrhunderts. Analog dazu müssten im 21. Jahrhundert Washington, Peking, Delhi, Moskau und Brüssel gemeinsam für Stabilität auf der Welt sorgen. Damit derart unterschiedliche Mächte überhaupt Einigkeit erzielen können, müssten sie sich auf ein Set von klar abgegrenzten Prioritäten einigen, an denen alle ein vitales Interesse haben, etwa Nichtweitergabe von Waffen, insbesondere Atomwaffen, Eindämmung des Terrors, Schutz des Weltklimas. Ein solches Arrangement müsste dem Gebot der Realpolitik folgen und das Prinzip der Nichteinmischung in innere Angelegenheiten akzeptieren, auch wenn's schwerfällt. In Abwesenheit einer Hegemonialmacht oder global einheitlicher demokratischer Strukturen werden die großen Mächte kaum einander hineinregieren können. Sie sollten sich deshalb darauf konzentrieren, effektive Prozeduren zur Konfliktlösung bei den großen globalen Fragen zu entwickeln.

Für Europa bedeutet das: Damit wir nicht alle miteinander unter die Räder kommen, müsste sich die EU zu einem nach außen geeint auftretenden Block formieren, der bei den ganz großen globalen Fragen mit einer Stimme spricht. All die Streitigkeiten, die die EU-Staaten derzeit entzweien, verschleiern nur, dass jedes Land allein kaum etwas ausrichten kann. Ohne ein geeintes Europa ist eine internationale Ordnung kaum denkbar, schon gar keine nach freiheitlichen Maßstäben. So gesehen geht es bei der europäischen Integration um viel mehr als um Flüchtlingsquoten, Investitionsprogramme oder die Flexibilität von Haushaltsregeln. Letztlich geht es um eine Vision für die gesamte Welt. Dass Europa sie liefern kann, mag angesichts des gegenwärtigen Zustands der EU abwegig erscheinen. Dennoch lohnt es sich, den Weg von Brüssel nach Utopistan zu skizzieren.

Daneben bedarf es einer Stärkung des Geflechts aus internationalen Verträgen und Institutionen. Bislang basiert die Methode der internationalen Kooperation – wie auch der europäischen Politikkoordinierung – auf dem Prinzip, dass Nationalstaaten Teile ihrer Souveränität an technokratische Institutionen übertragen. Dort formulieren Fachleute komplexe Regelwerke und fällen Entscheidungen, die dem demokratischen Prozess weitgehend entzogen sind. Sie sind wiederum an Regeln gebunden, die ihre Freiheitsgrade einschränken. Über lange Zeit hat diese Dichotomie zwischen nationaler Demokratie und internationaler Expertokratie relativ reibungsarm funktioniert. Je mehr jedoch internationale und europäische Institutionen ins tägliche Leben eingreifen, je besser gebildet und emanzipierter die Bürger sind, desto stärker sind die Spannungen zwischen beiden Sphären geworden. Internationale Handelsverträge beispielsweise werden seit langer Zeit hinter verschlossenen Türen verhandelt. Bewusst geschaffene Intransparenz sollte die Positionen der jeweiligen Verhandlungspartner stärken. Ein Vorgehen, das die Bürger über Jahrzehnte akzeptierten. Inzwischen jedoch nicht mehr: Der entscheidende Kritikpunkt der TTIP-Gegner bestand darin, dass die ganze Sache intransparent sei. Das Misstrauen gegen die Eliten ist inzwischen so groß, dass viele Bürger nicht mehr glauben, die Fachleute handelten im Interesse der eigenen Bevölkerung.

Dazu kommt ein weiterer Aspekt: Frühere Handelsrunden befassten sich mit vergleichsweise simplen Fragen wie der Höhe von Zöllen auf Industrieprodukte oder der Abschaffung von mengenmäßigen Importbeschränkungen. Verträge wie TTIP greifen viel tiefer in die Lebenswirklichkeit ein. Es geht um die Anerkennung und die Angleichung diverser Standards von Produkten und Dienstleistungen, um die Bedingungen von unternehmerischem Handeln, um die Regeln bei öffentlichen Ausschreibungen. Egal, ob die Kritik an einzelnen Punkten gerechtfertigt ist oder nicht: Es ist offensichtlich, dass die expertokratische Methode nicht mehr akzeptiert wird, wie die ablehnende Haltung breiter Bevölkerungsschichten, gerade in den deutschsprachigen Ländern, gegenüber dem transatlantischen Handels- und Investitionsabkommen zeigt.

Diverse internationale Expertengremien haben inzwischen eine tiefe Regelungsdichte erreicht. Der Baseler Ausschuss verhandelt und formuliert Kapitalvorschriften für Banken, die dann in nationales (und europäisches) Recht umgesetzt werden. Die Notenbanken, auch sie von der Politik formal unabhängige Institutionen, kümmern sich längst nicht mehr nur um die kurzfristige Geldversorgung des Bankensektors, sondern haben in Folge der Finanzkrise eine Fülle weiterer Aufgaben und Instrumente bekommen: Durch den Aufkauf von Wertpapieren und mittels neuer »makroprudenzieller« Regulierungen greifen sie massiv in die Märkte ein. Sie verteilen finanzielle Risiken um und gehen neue ein, ohne dass ein Parlament darüber abgestimmt hätte. In der Eurozone hat die technokratische Seite im Zuge der Krise noch mehr Gewicht bekommen: Die EU-Kommission überwacht inzwischen viele ökonomisch relevante Bereiche, von der Haushaltspolitik über die Wohnungsmärkte und die Leistungsbilanzen bis hin zu Bildung und Arbeitsmarkt. Sanktionsverfahren gegen einzelne Mitgliedstaaten bei Fehlverhalten im Rahmen des Stabilitäts- und Wachstumspakts folgen nun in weiten Teilen Automatismen.

Stets ist der gleiche Mechanismus am Werk: Teile der Staatlichkeit werden technokratisiert. Sie sind dann nicht mehr Ausdruck eines politischen Prozesses mit breiter öffentlicher Mitwirkung, sondern letztlich bürokratische Akte. All diese Foren und Prozeduren haben ihre innere Logik. Aber sie kollidieren mit dem berechtigten Anspruch der Bürger auf Mitwirkung und –entscheidung. Dieser Konflikt ließe sich entspannen, wenn die internationale *governance* demokratisiert würde. Dazu bedarf es keiner Weltregierung. Es wäre schon viel gewonnen, wenn internationale Exekutivgremien durch legislative Teile ergänzt würden: Parlamente, parlamentarische Ausschüsse, Planungszellen, spezialisierte Polit-Schöffen[118] und dergleichen mehr – Formen, auch neue, in denen sich Bürger repräsentiert sehen. Dadurch würden Institutionen mit größerer Legitimation ausgestattet, gewissermaßen mit einem eigenen parlamentarischen Arm.

DAS GLOBALE LAGERFEUER

Wie die nationale Demokratie werden auch überstaatliche Formen von Demokratie nur funktionieren, wenn sie in einer Öffentlichkeit verankert sind. Auf nationaler Ebene sind Öffentlichkeiten über mehr als hundert Jahre gewachsen, begünstigt durch einheitliche Sprachen und Massenmedien. Bislang gilt: Ohne gemeinsame Sprache, Massenkommunikation, Diskurs können sich gemeinsame Werte und Haltungen kaum herausbilden und folglich auch kein gemeinsamer »Volkswille«. Auf diese Voraussetzungen hat das Bundesverfassungsgericht in seinem Maastricht-Urteil von 1993 eindringlich hingewiesen. Die Richter argumentierten damals, die europäische Integration stehe in einem einstweilen schwer auflösbaren Widerspruch zur Demokratie – weil ein demokratischer Diskurs in einem vielsprachigen, heterogenen Europa kaum möglich sei und folglich auch keine demokratische Willensbildung. Würden zu viele Kompetenzen von der nationalen an die europäische Ebene abgetreten, drohe eine Aushöhlung der Demokratie.

Nun hat sich die Welt seit den frühen neunziger Jahren enorm verändert. Internet und soziale Medien wie Facebook und Twitter bieten inzwischen die technologische Basis für grenzüberschreitende Diskurse. Englisch ist dabei, sich als gemeinsamer Sprachstandard zu verbreiten. Anderthalb Milliarden Menschen sprechen Englisch, die meisten davon als Zweit- oder Fremdsprache. Und die Zahl wächst rasch. Wesen und Struktur von Öffentlichkeiten verändern sich. In den vergangenen anderthalb Jahrhunderten haben sie sich von lokal zu national geweitet. Warum sollten Öffentlichkeiten nicht künftig um eine europäische, transatlantische oder globale Schicht ergänzt werden?

»Das neue politische System in einer globalisierten Welt« folge aus dem Entstehen einer »globalen Bürgergesellschaft und einem globalen Netzwerkstaat, der zuvor existierende Nationalstaaten überwölbt und integriert«, formulierte der Kommunikationswissenschaftler Manuel Castells im Jahr 2008. Die Welt sei auf dem Weg zu einer »de facto *global governance* ohne Weltregierung«.[119] So wird es nicht kommen: Castells Vorhersage stammt aus der Vorkrisenära, als noch der Glaube vorherrschte, Märkte seien inhärent stabil und entsprechend wenig Staat sei nötig. Und was die internationale Öffentlichkeit angeht, so haben sich die Hoffnungen bislang nicht erfüllt. Allenfalls ganz langsam wächst ein informelles Netzwerk an privaten Kontakten heran. Nach wie vor gibt es keine traditionellen internationalen Massenmedien, nicht einmal innerhalb Europas.[120] Nationale Diskurse befassen sich zwar verstärkt mit grenzüberschreitenden und internationalen

Themen. Aber bislang blickt jede Nation auf die Welt durch ihre spezifisch nationale Brille. Der aktuelle globale neonationalistische Trend verstärkt diese Tendenz.

Und doch: Es gibt auch andere Indizien. Englischsprachige Medien, unter anderen *The Economist*, die *Financial Times* und der *Guardian,* finden ihre Leserschaft inzwischen in vielen Ländern. Was darauf hindeutet, dass es mehr und mehr Mediennutzer gibt, denen der enge lokale oder nationale Blickwinkel traditioneller Medien – und deren häufig dürftige Qualität – nicht mehr genügt. Die grenzüberschreitende Migration nimmt zu. Große Bevölkerungsanteile in vielen Ländern sind selbst Migranten oder Kinder von Migranten, die mehrsprachig aufwachsen. Hybride nationale Identitäten bilden sich heraus, die via digitale Medien über Grenzen und Kontinente hinweg in virtuellen Kommunikationsräumen verbunden sind. *Cosmonations* entstehen.[121]

Digitale Technologien und Englisch als Weltsprache bilden die Basisinfrastruktur für eine Demokratisierung internationaler Öffentlichkeit. Erstmals fallen keine Transportkosten bei der Verbreitung von medialen Inhalten mehr an. Erstmals können Geschichten und Bilder zeitgleich rund um den Erdball veröffentlicht werden. Erstmals wird eine Beobachtung der Welt in Echtzeit möglich – wie die Nationen im späten 19. Jahrhundert (siehe Kapitel 4), so kann heute die ganze Menschheit damit beginnen, sich selbst zu beobachten, gemeinsame Prioritäten herauszuarbeiten und lebhaft über mögliche Lösungen streiten. Wie an einem globalen Lagerfeuer.

Damit die neuen technologischen Möglichkeiten entsprechend fruchtbar wirksam sein können, braucht es Regeln und Regulierungen. Anders als Castells euphorisch internationalistische Vorhersage nahelegte, sind soziale Medien keine elektronischen Plätze, auf denen sich automatisch ein »herrschaftsfreier Diskurs« herausbildet, um eine Formel des Philosophen Jürgen Habermas aufzugreifen. Wo das Prinzip Aufmerksamkeit herrscht, wo seriöse Journalisten nicht mehr als »Gatekeeper« fungieren können, haben wir es mit Herdentrieben und Lärmspiralen, mit Manipulation und Lüge zu tun (siehe Kapitel 3). Aktivisten und NGOs finden ein breites Spielfeld; sie sind womöglich wohlmeinend, aber weder frei von eigenen Interessen noch demokratisch legitimiert. Diskurse benötigen eine ordnende Hand, einen Rahmen, Spielregeln, Fairness. Zu erkunden, wie das auf internationaler Ebene gelingen kann, ist ein lohnendes Arbeitsfeld.

Es mag utopisch klingen, dass große Teile der Weltbevölkerung in einen permanenten Diskurs eintreten. Und das ist es auch. Es wäre die blanke Überforderung. Auch in Zukunft werden die Gebiete internationaler Politik überaus komplex sein – und deshalb dünnbesiedelt. Eine begleitende Öffentlichkeit wird deshalb notwendigerweise aus Fachleuten und versierten, extrem motivierten Laien sowie entsprechend hochspezialisierten Medien bestehen; der Soziologe Klaus Eder hat dafür den Begriff der »issuespezifischen Kommunikationsgemeinschaft«[122] geprägt. Solche kompetenten Spezialöffentlichkeiten genügen, um von internationalen Institutionen und ihren (noch zu schaffenden) parlamentarischen Armen Rechenschaftspflicht zu verlangen. Aber es braucht auch Brücken in die nationalen Massenöffentlichkeiten: Wenn große Probleme auftauchen, wenn sich große Konflikte anbahnen, wenn große Skandale ruchbar werden, dann sollten nationale Öffentlichkeiten mit allem politischen Druck, den sie entfalten können, einsteigen.

Es ergibt sich ein Drei-Säulen-Modell für die *global governance*:

- das neue Konzert der Großmächte, als eine Art Exekutivausschuss der G20 und Vetomächte im UN-Sicherheitsrat, mit dem Hauptziel, für Sicherheit und Stabilität auf globaler Ebene zu sorgen;
- aufgewertete internationale Institutionen, ergänzt um legislative Zweige, die spezifische kollektive Probleme im Auftrag von

unterschiedlichen Gruppen von Staaten regeln (die Eurozone wäre ein Spezialfall);

- internationalisierte Teilöffentlichkeiten, die supranationale Institutionen kritisch begleiten und zur Willensbildung beitragen.

Unterhalb dieser internationalen Ebene gäbe es immer noch die Nationalstaaten. Aber sie stünden nicht mehr auf verlorenem Posten, weil jeder für sich ohnehin nicht mehr in der Lage ist, die zentralen Zukunftsprobleme zu lösen. Es wäre möglich, mehr Souveränität auf die überstaatliche Ebene zu übertragen, weil deren Legitimität gesteigert wäre und von einer internationalen Öffentlichkeit zur Rechenschaft gezogen würde. Dieses Drei-Säulen-Modell wäre eine evolutionäre Weiterentwicklung des Status quo. Keine perfekte, widerspruchsfreie Ordnung, kein globaler Förderalstaat. Dafür hat es aber den Vorteil der Flexibilität: Es lässt sich fallweise und problembezogen weiterentwickeln (oder zurückstutzen), lässt sich mit verschiedenen Inhalten und Politikfeldern füllen. Es ist prozedural, nicht inhaltlich getrieben, basierend auf einem Set von Spielregeln und Prinzipien.

Wie sonst könnte eine Ordnung für eine Welt im raschen Wandel aussehen?

SCHLUSS: DIE SACHE MIT DEM PATRIOTISMUS

Warum wir uns vor falschen Alternativen hüten sollten

Am Ende führt alles auf einen einzigen Punkt zu: die Frage nach der Identität. Der neonationale Zeitgeist behauptet, die nationale Identität sei das Maß aller Dinge. Nur das starke Zugehörigkeitsgefühl zu einer Nation könne Solidarität schaffen, Gesellschaften zusammenhalten, Gerechtigkeit herstellen, Staatlichkeit und Demokratie legitimieren. Die notwendige Schlussfolgerung lautet: Alles muss sich dem nationalen Prinzip unterordnen.

Doch Identität ist kein Konzept, das einer scharfen Abgrenzung bedürfte. Es kann viele Facetten annehmen: Geschlecht, Familie, Schicht, sexuelle Orientierung, Generation, Region, Dialekt, Beruf, Religion, Nation, Europa ... – Identitäten haben diverse Schichten. Menschen werden in ihren individuellen Identitätenmix hineingeboren und hineinsozialisiert. Wir sind von unseren eigenen Erfahrungen geprägt und von den Erzählungen, die Familien und Gesellschaften pflegen. Jeder hat ein eigenes autobiographisches Narrativ im Kopf, das Ereignisse und Einflüsse in eine sinnstiftende Reihenfolge sortiert, aber zugleich offen ist für Querverbindungen zu anderen, zu gesellschaftlichen Narrativen. Wir können uns als Deutsche fühlen, als Ostfriesen, als Mittelschichtsbürger, als Ingenieurin der Generation Y und und und. Warum nicht auch als Europäer, Westler, Weltbürger? In Gesellschaften, die heute zu einem großen Teil aus Bürgern bestehen, die selbst Migranten oder Kinder von Migranten sind, passen scharfe nationale Identitätsgrenzen entlang ethnisch definierter Linien gar nicht mehr ins Bild.

Wie Kapitel 4 gezeigt hat, sind nationale Identitäten Konstrukte. Sie existieren nicht qua Naturgesetz aus sich heraus. Sie wurden und werden bewusst geformt und gefördert. Gerade auch weil sie ins Machtkalkül passten und passen. Im 19. Jahrhundert begünstigte die Industrialisierung größere staatliche Einheiten. Eine stärkere Wirtschaft wiederum stellte mehr Machtmittel im Ringen mit anderen Staaten bereit. Nationale Erziehung festigte somit die Macht im Innern und stärkte sie nach außen. Mit anderen Worten: Kalte, rationale Interessen spielten eine nicht unbedeutende Rolle beim *nation building*. Entsprechend heute: Politische Anführer, die die Größe der eigenen Nation überhöhen, sie gar in den Kontext eines darwinistischen Verdrängungskampfs stellen, in dem es um Dominanz und Unterdrückung geht, handeln aus kaltem Kalkül. Sie zielen darauf ab, in ihrem jeweiligen Land große Koalitionen aus politischen Unterstützern zusammenzuschweißen. Entsprechend ordnen sie identitätsfördernde Institutionen ihrem eigenen Machtinteresse unter: Schulen und Hochschulen, Massenmedien, Geschichtsschreibung (siehe die Beispiele in Kapitel 4).

Auch jenseits von nationalpopulistischen Überspitzungen spielen Machtinteressen durchaus eine Rolle dabei, dass Nationalstaat und nationale Identität nach wie vor die Basis aller Staatlichkeit bilden. Zum Beispiel: Wenn es wirklich darum ginge, die Eurozone auf Dauer zu stabilisieren, müsste sie sich in eine Art Föderalstaat light verwandeln (siehe Kapitel 5). Im Zuge dessen müssten nationale Regierungen und nationale Parlamente ihre faktische Selbstabschaffung betreiben. Dass sie daran wenig Interesse haben, sollte nicht verwundern. Auch grenzüberschreitende Medien zu etablieren, die eine übernationale Selbstbeobachtung und eine Demokratisierung internationaler Formen der *governance* ermöglichen würden, scheitert nicht nur an Sprachgrenzen, sondern letztlich auch an interessengeleitetem Beharrungsvermögen. Sie bräuchten politische Anschubunterstützung. Aber nationale Eliten haben daran wenig Interesse.

Dieses Buch hat gezeigt, dass der Rückbezug aufs Nationale nicht mehr genügt. Die Menschheit steht vor großen gemeinsamen Problemen, die sie nur gemeinsam lösen kann (siehe Kapitel 1). Einzelne Staaten sind damit überfordert. Eine Tatsache, die nationalgewirkte Politiker gern ausblenden. Was nicht ins nationale Schema passt, wird einfach negiert. Dass es zum Beispiel einen menschengemachten Klimawandel gibt, gegen den sich nur global etwas ausrichten lässt, spielen sie gern herunter. Oder sie bezweifeln rundheraus seine Existenz.

Wir sollten uns vor falschen Alternativen hüten. Wir brauchen uns nicht zu entscheiden zwischen der Nation und postnationalem Internationalismus, zwischen Nationalstaatlichkeit und internationalisierten Formen von Souveränität, zwischen Globalisierung und staatlicher Regulierung. Statt ideologische Fundamentalpositionen auszutauschen, sollte es um die pragmatische Weiterentwicklung der bestehenden Ordnung gehen, mit dem Ziel, möglichst vielen Menschen ein gutes Leben zu ermöglichen, ganz gleich, wo sie leben. Und zwar keineswegs aus Altruismus oder falsch verstandenem Gutmenschentum, sondern weil es in unserem eigenen langfristigen Interesse liegt. Kooperative Lösungen auf europäischer und globaler Ebene liefern bessere Ergebnisse für alle Beteiligten. Sie machen die Welt sicherer und reicher. Wohlverstandener Patriotismus stellt deshalb keinen Gegensatz her zwischen dem Wohl des eigenen Volkes, das einem emotional näher ist als der Rest der Welt, und dem Wohl anderer. Das eine ist ohne das andere nicht zu haben. Wenn es Griechen und Italienern auf Dauer schlecht geht, kann es Deutschland nicht gutgehen, weil dann die europäische Ordnung nicht aufrecht zu erhalten sein wird. Wenn die Bildungssysteme in Afrika nicht verbessert werden, dürften die Geburtenziffern – und folglich der Migrationsdruck nach Europa – hoch bleiben. Wenn in Kongo, Brasilien oder Indonesien der Regenwald nicht erhalten wird, spielt auch bei uns das Wetter verrückt. Das heißt nicht, dass es keine Interessengegensätze gäbe. Aber dauerhaft stabile Lösungen lassen sich nur in dem Bewusstsein finden, dass wir langfristige gemeinsame Interessen teilen.

Unkooperatives Verhalten hingegen mündet leicht in die Logik des Nullsummenspiels, bei dem der eine gewinnt, was der andere verliert. Es ist das Rezept für Konflikt, Kampf und Krieg. Falscher Patriotismus macht die Welt unsicherer und ärmer. Wir sollten nicht darauf hereinfallen.

Anmerkungen

1 Wagenknecht (2016).
2 N. N. (2016b).
3 Mazower (2012), deutsche Ausgabe (2013): *Die Welt regieren.*
4 Stand: Ende 2015.
5 BIZ (2016), S. 10.
6 MGI (2012).
7 Deutsche Bundesbank (2016).
8 OECD (2016b), S. 18.
9 Vgl. z. B. Eggertsson, Summers (2016).
10 Gordon (2016).
11 Für einen Überblick über die Wachstumsdebatte siehe: Müller (2014a), Teil I.
12 Reinhart, Rogoff (2009).
13 WTO (2016), S. 16 ff.
14 WTO (2016).
15 WTO (2016), S. 20.
16 WTO (2016), S. 59 ff.
17 Bhatia et al. (2016).
18 Bluth (2016).
19 Müller (2015b).
20 Bei etwa 2,5 Kindern pro Frau. Vgl. UNO (2015), Tabelle S. 9
21 UNO (2015).
22 http://www.fao.org/news/story/en/item/288229/icode/
23 Zusammen mit den USA, die vor allem durch Zuwanderung wachsen, machen diese Länder rund die Hälfte des Weltbevölkerungswachstums aus. Vgl. UNO (2015), S. 4.
24 World Bank (2016).
25 Zitiert nach Krastev (2016).
26 Krastev (2016).
27 Müller (2015b).
28 Ranger, Bowen (2009).
29 Müller (2015c).
30 Stern (2015).
31 Müller (2015d).
32 Eggertsson, Summers (2016).

33   IWF (2016b), S. 29 ff.
34   N. N.: »Military expenditure«; https://www.sipri.org/research/
      armament-and-disarmament/arms-transfers-and-military-spending/
      military-expenditure
35   Clover (2016).
36   Eurobarometer 84, Annex, S. 109.
37   Brunson et al. (2016).
38   Müller (2014b).
39   http://www.pcr.uu.se/research/ucdp/datasets/
40   Morris (2011).
41   Morris (2013).
42   Zweig (1944/2014), S. 18 ff.
43   James (2009), S. 23.
44   Keynes (1920), S. 5.
45   Keynes (1920), S. 2.
46   In Anlehnung an: Clark (2012).
47   James (2009).
48   James (2008).
49   MGI (2016).
50   MGI (2016), S. 27.
51   Goebel et al. (2015).
52   Grabka et al. (2016).
53   Ein ähnlicher Befund ergibt sich, wenn man die Einkommen der
      Mittelschichten betrachtet. Das DIW definiert die Mittelschichts-
      haushalte als solche, die vor Steuern und Abgaben über ein Einkom-
      men zwischen 67 und 200 Prozent des Medianeinkommens
      verfügen. Vgl. Grabka et al. (2016).
54   Goebel et al. (2015).
55   OECD (2016b), S. 18.
56   OECD (2016a), S. 59 f.
57   IWF (2016a), S. 170.
58   v. Weizsäcker (2013).
59   BIZ (2016), S. 63 ff.
60   Siehe hierzu detaillierter Müller (2012), insbesondere Kapitel 2, 5
      und 6 sowie die dort angegebene Literatur.
61   Alessandri, Haldane (2009).
62   BIZ (2016), S. 76.
63   BIZ (2016), S. 14 ff.
64   Schumpeter (1943/2003) S. 121 ff.
65   Haldane (2015).
66   Müller (2015a).

67 Fink (2016).
68 OECD (2016a), S. 31.
69 OECD (2014), S. 47 ff.
70 OECD (2016c), S. 25.
71 BBSR (2015), S. 10.
72 N. N. (2016a).
73 Müller (2016b).
74 Eurobarometer 85 Annex, Juli 2016, T-38 ff.
75 Edelman (2016), S. 25.
76 Eurobarometer 84 Annex, Dezember 2015, T-46.
77 Elchardus, Spruyt (2016).
78 Ein Begriff, den Stanley (2008) geprägt hat. Jan-Werner Müller (2016, S. 19) betont, Populismus sei eine »moralistische Imagination von Politik«. Mudde (2004) erkennt gar einen »populistischen Zeitgeist«.
79 Wasik, Foy (2016).
80 Bixby (2016).
81 OECD (2016d), S. 41.
82 Kott et al. (2016) S. 371.
83 Hamilton (2004), Kapitel 1.
84 Mazzoleni (2003).
85 Siehe auch Müller (2017).
86 Dornbusch, Edwards (1991).
87 Rode, Revuelta (2014).
88 Müller (2016b).
89 Poser (2008, 2015).
90 Zu diesem Kapitel siehe auch: Müller (2006), insbesondere Kapitel 2, 3 und 5.
91 Osterhamel (2009).
92 Marx, Engels (1848).
93 Schulze (1999).
94 Schulze (1985), S. 97.
95 Die US-Philosophin Martha Nussbaum (2013) hat in einer faszinierenden Untersuchung über *politcial emotions* positive kollektive Gefühle als entscheidende Bedingung für eine gerechte Politik ausgemacht. Sie greift dabei auf die aufklärerische Idee einer säkularen »Zivilreligion« zurück, die schon Philosophen wie Auguste Comte und John Stuart Mill beschäftigte – und die Nussbaum als gerade Voraussetzung für das gelingende Zusammenleben als Gesellschaft sieht.
96 Gellner (1999), S. 55.

97 Wehler (2001).
98 Gellner (1995), S. 123.
99 Münkler (2009).
100 Schulze (1999), S. 172 f.
101 Gellner (1999), S. 19.
102 Müller (2006), Kapitel 2.
103 Bezeichnenderweise beginnt Friedrich Nietzsche seine »Wahrheiten über die Deutschen« mit Bemerkungen über das Arbeitsethos: »Das neue Deutschland stellt ein großes Quantum an vererbter und angeschulter Tüchtigkeit dar.« Das aber sei, so stellt er fest, auch schon so ziemlich alles: »Es ist *nicht* eine hohe Kultur.« Denn viel sei nicht übrig geblieben vom vormaligen Land der Dichter und Denker. Die Heimat von Goethe, Hegel, Heine, Schopenhauer verdumme zusehends an ihrer Nationalstaatlichkeit: »›Deutschland, Deutschland über alles‹, ich fürchte, das war das Ende der deutschen Philosophie.« Zitiert nach Thiele (2004), S. 391 ff.
104 Zitiert nach James (1991), S. 110.
105 Sloterdijk (1998), S. 27 ff.
106 Münkler, Münkler (2016), S. 40 ff.
107 Weber (1980), S. 515.
108 Gross (2016).
109 Buckley (2016).
110 Müller (2008), S. 103 ff.
111 Kissinger (2014).
112 Kissinger (2014), S. 27.
113 Mazower (2012), S. 101 ff.
114 Hargreaves Heap, Varoufakis (1995).
115 Loungani (2016).
116 Rodrik (2011), Pos. 3201 ff.
117 Rodrik (2011). Pos. 3214.
118 Van Reybrouck (2016).
119 Castells (2008), S. 89.
120 Müller (2016c).
121 Laguerre (2016).
122 Eder (2000).

Literatur

Alessandri, Piergiorgio, Haldane, Andrew G. (2009): »Banking on the State«, Bank of England, 6. November 2009, http://www.bankofengland. co.uk/archive/Documents/historicpubs/speeches/2009/speech409.pdf

Bank für Internationalen Zahlungsausgleich (BIZ 2016): »86th Annual Report«, Basel, 26. Juni 2016

Bhatia, K., Evenett, S. J., Hufbauer, G. C. (2016): »Why General Electric is localising production«, 21. Juni 2016, http://voxeu.org/article/ why-general-electric-localising-production.

Bixby, Scott (2016): »Senior Donald Trump adviser: Hillary Clinton ›should be shot for treason‹«https://www.theguardian.com/us-news/2016/ jul/20/trump-adviser-al-baldasaro-hillary-clinton-firing-line

Bluth, Christian (2016): »Einstellungen zum globalen Handel und TTIP in Deutschland und den USA«, GED Monitor, Bertelsmann Stiftung, Gütersloh

Brunson, Jim, Chassany, Anne-Sylvaine, Jones, Sam (2016): »Failure to share intelligence hampers terror fight«, Financial Times, 4. April 2016, https://www.ft.com/content/f9baf7e8-f975–11e5-b3f6–11d5706b613b

Buckley, Chris (2016): »China Says Its Students, Even Those Abroad, Need More ›Patriotic Education‹«, Financial Times, 10. Februar 2016, http:// www.nytimes.com/2016/02/11/world/asia/china-patriotic-education. html?_r=0

Bundesamt für Bau-, Stadt und Raumforschung (BBSR 2015): »Die Raum-ordnungsprognose 2035 nach dem Zensus«, BBSR-Analysen Kompakt 5/2015

Castells, Manuel (2008): »The New Public Sphere: Global Civil Society, Communication Networks, and Global Governance«, The Annals of the American Academy of Political and Social Science, 616, 2008, Heft 1, S. 78–93

Clark, Christopher (2012): The Sleepwalkers: How Europe went to War in 1914, London: Allen Lane (deutsche Ausgabe 2013: Die Schlafwandler, München: Deutsche Verlags-Anstalt).

Clover, Charles (2016): »Arms industry cashes in on Asia tensions«, *Financial Times*, 5. April 2016, https://www.ft.com/content/54181b08-fb10–11e5-b3f6–11d5706b613b

Deutsche Bundesbank (2016): »Die deutsche Zahlungsbilanz für das Jahr 2015«, Monatsbericht März 2016, S. 39–60

Dornbusch, Rüdiger, Edwards, Sebastian (1991): »The Macroeconomics of Populism«, in: Dornbusch, Rüdiger, Edwards, Sebastian (Hrsg.): *The Macroeconomics of Populism in Latin America*, Chicago, Il.: Chicago University Press, S. 7–13

Eder, Klaus (2000): »Zur Transformation nationalstaatlicher Öffentlichkeit in Europa. Von der Sprachgemeinschaft zur issuespezifischen Kommunikationsgemeinschaft«, *Berliner Journal für Soziologie*, Juni 2000, Bd. 10, Nr. 2, S. 167–184

Eggertsson, G., Summers, L. (2016): »Secular stagnation in the open economies: How it spreads, how it can be cured«. *vox.eu*, 22 Juli 2016, http://www.voxeu.org/article/how-secular-stagnation-spreads-and-how-it-can-be-cured

Elchardus, M., Spruyt, B. (2016): »Populism, Persistent Republicanism and Declinism: An Empirical Analysis of Populism as a Thin Ideology«, *Government and Opposition*, Bd. 51, Nr. 1, S. 111–133

Eurobarometer (div. Jahrgänge): »Standard Eurobarometer, Annexes«, http://ec.europa.eu/COMMFrontOffice/publicopinion/index.cfm/Survey/index#p=1&instruments=STANDARD

Fink, Larry (2016): »Chairman's letter to my fellow shareholders«, *blackrock.com*, 10. April 2016, https://www.blackrock.com/corporate/en-gb/investor-relations/larry-fink-chairmans-letter

Gellner, Ernest (1999): *Nationalismus. Kultur und Macht*, Berlin: Siedler

Goebel, Jan, Grabka, Markus M., Schröder, Carsten (2015): »Einkommensungleichheit in Deutschland bleibt weiterhin hoch – junge Alleinlebende und Berufseinsteiger sind zunehmend von Armut bedroht«, DIW-Wochenbericht 25.2015

Gordon, R. J. (2016): *The Rise and Fall of American Growth: The U.S. Standard of Living since the Civil War*, Princeton, N. J.: Princeton University Press

Grabka, Markus M., Goebel, Jan, Schröder, Carsten, Schupp, Jürgen (2016): »Schrumpfender Anteil an BezieherInnen mittlerer Einkommen in den USA und Deutschland«, DIW-Wochenbericht 13.2016

Gross, Jan (2016): »Law and Justice is rewriting the history of Poland«, *Financial Times*, 14. März 2016, S. 8

Haldane, Andrew (2015): »Who owns a company?« Speech given at University of Edinburgh Corporate Finance Conference, 22. Mai 2015, http://www.bankofengland.co.uk/publications/Documents/speeches/2015/speech833.pdf

Hamilton, J. T. (2004): *All the News That's Fit to Sell: How the Market Transforms Information into News*, Princeton, N. J: Princeton University Press

Hargreaves Heap, Shaun P. Varoufakis, Yanis (1995): *Game Theory. A critical introduction*, London/New York: Routledge

Internationaler Währungsfonds (IWF 2016a): »Economic Outlook«, April 2016, Washington, D. C.

Internationaler Währungsfonds (2016b): »Fiscal Monitor. Acting now, acting together«, April 2016, Washington, D. C.

Internationaler Währungsfonds (IWF 2016c): »World Economic Outlook. Subdued Demand. Symptoms and Remedies«, Oktober 2016, Washington, D. C.

Jackson, D., Thorsen, Einar, Wring, D. (Hrsg. 2016): »EU Referendum Analysis 2016: Media, Voters and the Campaign. Early reflections from leading UK academics. Published by the Centre for the Study of Journalism, Culture and Community«, June 2016, Bournemouth University, Poole.

James, Harold (1991): *Deutsche Identität 1770–1990*, Frankfurt/New York: Campus

James, H. (2008): »Globalization, Empire and Natural Law«, *International Affairs* 84: 3, S. 421–436

James, H. (2009): *The Creation and Destruction of Value. The Globalization Cycle*, Cambrigde, Mass.: Harvard University Press

James, H. (2016): »Anti-Globalisierung bedeutet Kontrollen und Vergeltung«, *Süddeutsche Zeitung*, 26 August 2016, S. 4

Keynes, John Maynard (1920): *The Economic Consequences of the Peace,* New York: Harcourt, Brace, and Howe (deutsche Ausgabe 1920: *Die wirtschaftlichen Folgen des Friedensvertrages,* München und Leipzig: Duncker & Humblot)

Kissinger, Henry (2014): *World Order. Reflections on the Character of Nations and the Course of History,* New York, London: Penguin

Kott, Kristina, Kühnen, Carola, Maier, Lucia (2016): »Zeitverwendung und Gesellschaftliche Partizipation«, in: Destatis/WZB (Hrsg.): *Datenreport 2016. Ein Sozialbericht für die Bundesrepublik Deutschland.* Wiesbaden, S. 361–389

Krämer, Benjamin (2014): »Media Populism: A Conceptual Clarification and Some Theses on its Effects«, *Communication Theory* Bd. 24, Nr. 1, S. 42–60

Krastev, Ivan (2016): »Fear and loathing of a world without borders«, *Financial Times* 6. April 2016, https://www.ft.com/content/328f15da-fa4e-11e5-8f41-df5bda8beb40

Laguerre, Michel S.(2016): *The Multisite Nation: Crossborder Organizations, Transfrontier Infrastructure, and Global Digital Public Sphere,* Berkeley: Palgrave Macmillan

Loungani, Prakash (2016): »Rebel with a Cause«, http://www.imf.org/external/pubs/ft/fandd/2016/06/people.htm

Marx, Karl, Engels, Friedrich (1848): »Das Manifest der Kommunistischen Partei«, http://www.deutschestextarchiv.de/book/view/marx_manifestws_1848?p=5

Mazower, Marc (2012): *Governing the World. The History of an Idea, 1815 to the Present,* London: Penguin (deutsche Ausgabe 2013: *Die Welt regieren,* München: C.H. Beck)

Mazzoleni, Gianpetro (2003): »The Media and the Growth of Neo-populism in Contemporary Democracies«, in: Mazzoleni, G., Stewart, J., Horsfield, B. (Hrsg.): *The Media and Neo-populism,* London: Praeger, S. 1–20

Mazzoleni, G. (2008): »Populism and the Media«, in: Albertazzi, D., McDonnell, D. (Hrsg.): *Twenty-First Century Populism. The Spectre of Western European Democracy,* S. 49–67, Basingstoke: Palgrave Macmillan

McGrath, Michael (2013): »The Histories of Populism«, *National Civic Review,* Bd. 102, Nr. 2, S. 50–56.

McKinsey Global Institute (MGI 2012): »Debt and Deleveraging: Uneven Process on the Path to Growth«, Januar 2012

McKinsey Global Institute (MGI 2016): »Poorer than their parents? Flat or falling incomes in advanced economies«, Juli 2016

Mitchell, Tom (2016): »Smothering dissent«, *Financial Times*, 27. Juli 2016, https://www.ft.com/content/ccd94b46–4db5–11e6–88c5-db83e98a590a

Morris, Ian (2010): *Why the West rules – for now*, New York: Macmillan (deutsche Ausgabe 2011: *Wer regiert die Welt?*, Frankfurt/New York: Campus)

Morris, Ian (2013): »Die Probleme gehen nie aus«, Interview von Michael Kröher und Henrik Müller, *manager magazin* 6/2013, S. 100–104

Mudde, Cas (2004): »The Populist Zeitgeist«, *Government and Opposition*, 27 September, S. 541–563.

Müller, Jan-Werner (2016): *What is Populism?*, Philadelphia: University of Pennsylvania Press (deutsche Ausgabe 2016: *Was ist Populismus?*, Berlin: Suhrkamp)

Müller, Henrik (2006): *Wirtschaftsfaktor Patriotismus. Vaterlandsliebe in Zeiten der Globalisierung*, Frankfurt/Main: Eichborn

Müller, Henrik (2012): *Euro-Vision. Warum ein Scheitern unserer Währung eine Katastrophe wäre*, Frankfurt/New York: Campus

Müller, Henrik (2014a): *Wirtschaftsirrtümer. 50 Denkfehler, die uns Kopf und Kragen kosten*, Frankfurt/New York: Campus

Müller, Henrik (2014b): »Globalisiert, aber gewalttätig«, *manager magazin* 8/2014, S. 62

Müller, Henrik (2015a): »New Frontiers« *manager magazin* 6/2015, S. 65

Müller, Henrik (2015b): »German Angst«, *manager magazin* 7/2015, S. 67

Müller, Henrik (2015c): »Unsere afrikanische Zukunft«, *manager magazin* 9/2015, S. 70

Müller, Henrik (2015d): »Viel Kohle, wenig Geist«, *manager magazin* 12/2015, S. 98

Müller, Henrik (2016a): »Aufwachen statt abtauchen«, *manager magazin* 3/2016, S. 88

Müller, Henrik. (2016b): »Grobes Werkzeug, großer Schaden«, *manager magazin* 5/2016, S. 100

Müller, Henrik (2017): »Populism, De-globalisation, and Media Competition: the Spiral of Noise«, *Central Eastern Journal of Communication*, Spring Edition 2017 (in Vorbereitung)

Müller, Henrik (2016c): »Fighting Europe's Crisis with innovative Media: a modest Proposal«, *Journal of Business and Economics*, (in Vorbereitung)

Müller, Henrik (div. Jahrgänge): »Müllers Memo«, alle Kolumnen unter http://www.spiegel.de/thema/muellers_montags_memo/

Münkler, Herfried (2009): *Die Deutschen und ihre Mythen*, Berlin: Rowohlt Berlin

Münkler, Herfried, Münkler, Marina (2016): *Die neuen Deutschen. Ein Land vor seiner Zukunft*, Berlin: Rowohlt Berlin

N. N. (2016a): »Arab youth: Look forward in anger«, *The Economist*, 6. August 2016, http://www.economist.com/news/briefing/21703362-treating-young-threat-arab-rulers-are-stoking-next-revolt-look-forward-anger

N. N. (2016b): »Xi Jinping's leadership: Chairman of everything«, *The Economist*, 2. April 2016, http://www.economist.com/news/china/21695923-his-exercise-power-home-xi-jinping-often-ruthless-there-are-limits-his

N. N.: »Military expenditure«; https://www.sipri.org/research/armament-and-disarmament/arms-transfers-and-military-spending/military-expenditure

Nussbaum, Martha (2013): *Political Emotions. Why Love matters for Justice*, Cambridge, Mass.: Harvard University Press

Organisation für wirtschaftliche Zusammenarbeit und Entwicklung (OECD 2014): »Regional Outlook 2014, Regions and Cities: Where Policies and People Meet«, Paris

Organisation für wirtschaftliche Zusammenarbeit und Entwicklung (OECD 2016a): »Country Survey Germany«, April 2016, Paris

Organisation für wirtschaftliche Zusammenarbeit und Entwicklung (OECD 2016b): »Economic Outlook«, Juni 2016, Paris

Organisation für wirtschaftliche Zusammenarbeit und Entwicklung (OECD 2016c): »Regions at a Glance 2016«, Paris

Organisation für wirtschaftliche Zusammenarbeit und Entwicklung (OECD 2016d): »Education at a Glance 2016«, Paris

Osterhammel, Jürgen (2009): *Die Verwandlung der Welt. Eine Geschichte des 19. Jahrhunderts*, München: C. H. Beck

Poser, Steffen (2008/2015): *Völkerschlachtdenkmal. Kurzführer*, Leipzig: Passage

Ranger, N., Bowen, A. (2009): »Mitigating climate change through reductions in greenhouse gas emissions: the science and economics of future paths for global annual emissions«, Center for Climate Change Economics and Policy, Policy Brief. Dezember 2009

Reinhardt, Carmen, Rogoff, Kenneth (2009): *This Time is Different. Eight Centuries of Financial Folly*, Princeton, N. J.: Princeton University Press (deutsche Ausgabe 2010: *Dieses Mal ist alles anders*, München: FinanzBuch)

Rode, M., Revuelta, J. (2014): »The Wild Bunch! An empirical note on populism and economic institutions«, *Economics of Governance*, 16, S. 73–96.

Rodrik, Dani (2011): *The Globalization Paradox: Why global Markets, States, and Democracy can't coexist*. Oxford: Oxford University Press

Schulze, Hagen (1985): *Der Weg zum Nationalstaat. Die deutsche National-bewegung vom 18. Jahrhundert bis zur Reichsgründung*, München: Deutscher Taschenbuch-Verlag

Schulze, Hagen (1999): *Staat und Nation in der europäischen Geschichte*, München: C. H. Beck

Schumpeter, Joseph A. (1943/2003): *Capitalism, Socialism, and Democracy*, Taylor & Francis e-Library, http://www.routledge.com/books/details/9780415567893

Sloterdijk, Peter (1998): *Der starke Grund zusammen zu sein. Erinnerungen an die Erfindung des Volkes*, Frankfurt/Main: Suhrkamp

Stanley, Ben (2008), »The Thin Ideology of Populism«, *Journal of Political Ideologies*, 13(1), S. 95–110.

Stern, Nicholas (2015): *Why Are We Waiting?: The Logic, Urgency, and Promise of Tackling Climate Change (Lionel Robbins Lectures)*, Cambridge, Mass.: MIT Press

Thiele, Johannes (2004): *Das Buch der Deutschen*, Bergisch Gladbach: Lübbe

United Nations Organisation (UNO 2015): »World Population Prospects. The 2015 Revision«, Volume I: »Comprehensive Tables«, New York

Van Reybrouck, David (2016): *Gegen Wahlen. Warum Abstimmen nicht demokratisch ist*, Göttingen: Wallstein Verlag

Wagenknecht, Sahra (2016): *Reichtum ohne Gier. Wie wir uns vor dem Kapitalismus retten*, Frankfurt/New York: Campus

Wasik, Zosia, Foy, Henry (2016): »Immigrants pay for Poland's fiery rhetoric«, *Financial Times*, 14. September 2016, https://www.ft.com/content/9c59ba54–6ad5–11e6-a0b1-d87a9fea034f

Weber, Max (1980): *Wirtschaft und Gesellschaft. Grundriss der verstehenden Soziologie*, 5., revidierte Studienausgabe, Tübingen: Mohr Siebeck

Wehler, Hans-Ulrich (2001): *Nationalismus. Geschichte, Formen, Folgen*, München: C. H. Beck

Weizsäcker, Carl Christian von (2013): »Macht mehr Schulden!« (Interview), *Der Spiegel* 52/2013, S. 64–65

World Bank (2016): »High and dry. Climate change, Water, and the Economy«, Washington, D.C.

World Trade Organisation (WTO 2016): »Report on G20 Trade Measures (Mid-October 2015 to Mid-May 2016)«, The World Trade Organisation, Genf

Zweig, Stefan (1944/2014): *Die Welt von gestern*, Berlin: Insel

Register